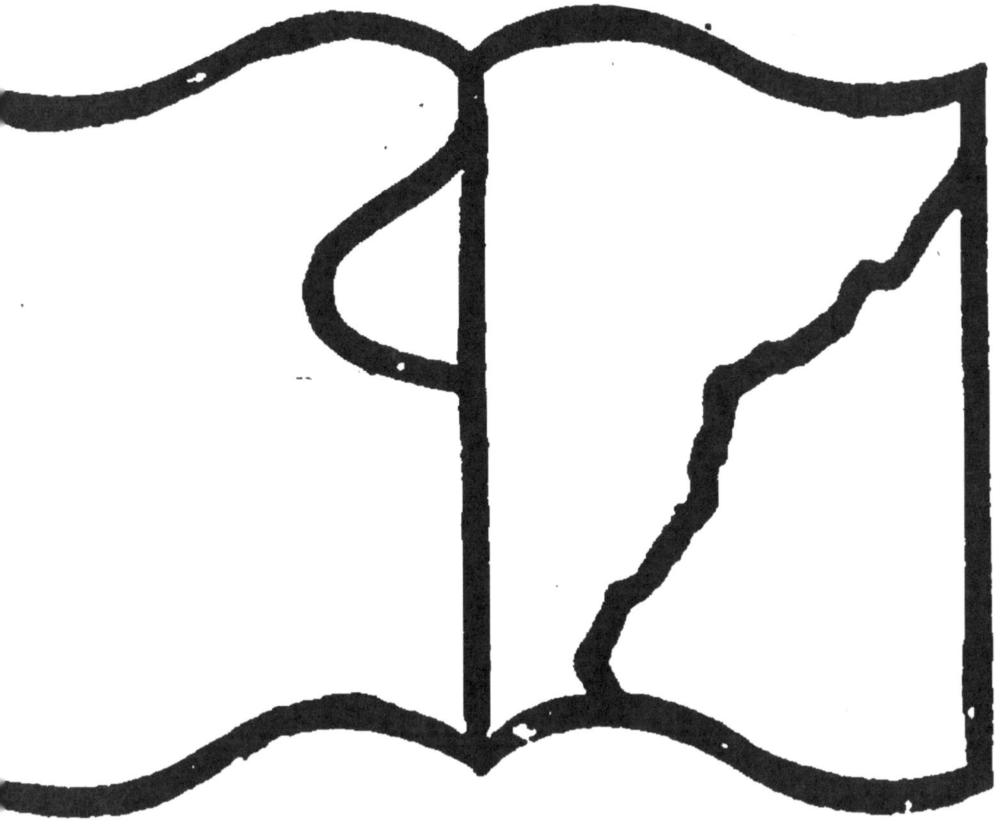

Texte détérioré — reliure défectueuse
NF Z 43-120-11

Écoles Militaires

D'ASPIRANTS

ET COURS D'ÉLÈVES ASPIRANTS

DISPOSITIONS DU TEMPS DE PAIX :

Préparation des Candidats — Programmes — Admission aux Cours
Examens et Classement de Sortie.

DISPOSITIONS SPÉCIALES AU TEMPS DE GUERRE.

ÉDITION A JOUR AU 1ᵉʳ SEPTEMBRE 1918

PARIS
Henri CHARLES-LAVAUZELLE
Éditeur militaire
124, Boulevard Saint-Germain, 124
—
MÊME MAISON A LIMOGES

Écoles Militaires

D'ASPIRANTS

ET COURS D'ÉLÈVES ASPIRANTS

DISPOSITIONS DU TEMPS DE PAIX :

Préparation des Candidats — Programmes — Admission aux Cours
Examens et Classement de Sortie.

DISPOSITIONS SPÉCIALES AU TEMPS DE GUERRE.

ÉDITION A JOUR AU 1er SEPTEMBRE 1918

PARIS
Henri CHARLES-LAVAUZELLE.
Editeur militaire
124, Boulèvard Saint-Germain, 124

MÊME MAISON A LIMOGES

SOMMAIRE

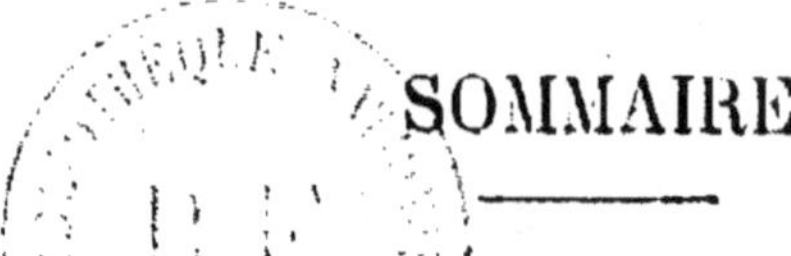

Iʳᵉ PARTIE.

Organisation des Écoles. — Conditions et programmes d'admission.

1° RÉGLEMENTATION

2° DISPOSITIONS DIVERSES.

IIᵉ PARTIE.

Examens et classement de sortie.

IIIᵉ PARTIE.

Préparation des candidats aux Ecoles.

IVe PARTIE.

Dispositions spéciales au temps de guerre.

Écoles militaires d'Aspirants

Ire PARTIE.

Organisation des Écoles. — Conditions et programmes d'admission.

1° RÉGLEMENTATION.

Décret portant réorganisation des écoles de sous-officiers élèves officiers (1).

Cabinet du Ministre.

Paris, le 30 juillet 1907.

RAPPORT AU PRÉSIDENT DE LA RÉPUBLIQUE FRANÇAISE.

Monsieur le Président,

Le statut des écoles qui reçoivent des sous-officiers proposés pour le grade de sous-lieutenant a été déterminé, à différentes époques, par autant de décrets qu'il existe d'écoles.

Il est résulté de cette diversité de réglementation des différences d'organisation, de régime, de méthodes d'instruction, ou même certaines divergences dans l'orientation de l'enseignement, que rien ne peut plus justifier aujourd'hui, entre des écoles que l'identité d'origine de leurs élèves et la communauté du but poursuivi rendent entièrement comparables, sauf en ce qui concerne l'enseignement technique professionnel spécial à chaque arme.

Le projet de décret ci-joint a pour premier objet de fondre en une réglementation unique les décrets constitutifs des différentes écoles dont il s'agit.

Une considération d'ordre plus élevé en a d'ailleurs dicté les principales dispositions. Les idées démocratiques qui pé-

---

(1) Mis à jour par l'incorporation dans le texte des modifications qui y ont été apportées, en ce qui concerne les sous-officiers de l'aéronautique, par le décret du 13 mars 1913. (*B. O.*, page 280.)

nètrent chaque jour davantage nos institutions et nos lois nous conduisent à diriger nos efforts vers l'unité d'origine des officiers. Mais il est hors de doute que la réalisation immédiate de cette idée se heurterait à des difficultés sérieuses, qui risqueraient d'en compromettre le succès.

Il m'a paru, au contraire, qu'il serait possible de réaliser, dans un délai rapproché, un progrès important dans cette voie, par la création d'écoles de perfectionnement, où s'effectuera, quelques années après l'entrée dans la carrière, la fusion complète des divers éléments qui concourent actuellement à former le corps d'officiers.

Cette création ne pourra être décidée que par une loi, sur le projet de laquelle le Parlement sera appelé à se prononcer. Sans préjuger, en quoi que ce soit, du résultat de ses délibérations, il m'a semblé indispensable de me préoccuper, dès maintenant, des conditions à remplir pour que les officiers sortant du rang puissent, dans un avenir prochain, entrer dans les écoles de perfectionnement avec le même degré de préparation que leurs camarades provenant de l'Ecole spéciale militaire ou de l'Ecole polytechnique. Dans ce but, les conditions d'admission et le caractère de l'enseignement dans les écoles de sous-officiers ont été légèrement modifiés, de manière à y relever le niveau des connaissances générales.

Ces modifications ne pourront que produire par elles-mêmes d'heureux résultats et contribuer à fondre en un tout homogène notre corps d'officiers, quelle que puisse être la solution définitive adoptée par le Parlement sur la question de l'unité d'origine.

Si vous approuvez ces propositions, j'ai l'honneur de vous demander de vouloir bien revêtir de votre signature le projet de décret ci-annexé.

Veuillez agréer, Monsieur le Président, l'hommage de mon respectueux dévouement.

Le Ministre de la guerre,
G. PICQUART.

DÉCRET.

Le Président de la République française,

Considérant qu'il importe d'apporter à l'organisation des écoles de sous-officiers élèves officiers les modifications que l'expérience a rendues nécessaires et, notamment, d'uniformiser l'organisation, les programmes, les règles d'admission et de sortie de ces écoles, autant que le permettent les conditions spéciales de chaque arme ;

Sur le rapport du Ministre de la guerre,

Décrète :

TITRE Ier.

Recrutement.

Art. 1er. En principe, les sous-officiers jugés susceptibles d'être nommés officiers sont envoyés à l'École militaire de leur arme.

Néanmoins, les sous-officiers des sections d'infirmiers, de commis et ouvriers d'administration, de secrétaires d'état-major et du recrutement peuvent concourir avec les sous-officiers des corps de troupe d'infanterie pour l'admission à l'École militaire d'infanterie.

Cette école reçoit les sous-officiers-élèves officiers de l'infanterie coloniale.

L'École de l'artillerie reçoit également les élèves officiers provenant de l'artillerie coloniale.

Les sous-officiers de l'artillerie, de l'infanterie et de la cavalerie peuvent, dans la mesure fixée par le Ministre, concourir pour l'admission à l'École du génie.

Sous la même réserve, les sous-officiers de toutes les armes montées (sapeurs-conducteurs compris), à l'exclusion des sous-officiers appartenant à l'armée coloniale, peuvent concourir pour l'admission à l'École des élèves officiers d'artillerie au titre du train des équipages.

Les écoles peuvent recevoir des sous-officiers indigènes des corps où l'emploi d'officier indigène est prévu.

Les sous-officiers de l'aéronautique militaire provenant des militaires incorporés directement dans l'aéronautique jugés susceptibles d'être nommés officiers peuvent être admis à concourir soit pour l'École militaire d'infanterie, soit, dans la limite fixée par le Ministre, pour l'École militaire du génie.

Les sous-officiers qui, servant dans l'aéronautique militaire à un titre quelconque, appartiennent ou ont appartenu à une arme ou service autre que l'aéronautique, peuvent être admis à concourir, comme ceux provenant des militaires incorporés directement dans l'aéronautique, pour l'École militaire d'infanterie et l'École militaire du génie, et, en outre, pour les écoles militaires qui se recrutent dans leur arme d'origine.

Conditions d'admission.

Art. 2. Les sous-officiers régulièrement proposés sont admis aux écoles militaires, à la suite d'un concours dont les conditions sont déterminées par un règlement ministériel.

Ce concours se divise en deux parties distinctes comprenant :

1° Les connaissances générales;
2° Les connaissances professionnelles.

Pour chacune de ces parties, il est constitué un jury spécial. La partie du concours portant sur les connaissances générales est jugée par des correcteurs, les mêmes pour toutes les armes, désignés par le Ministre de la guerre.

La partie technique est soumise au jugement d'une commission distincte pour chaque arme, dont les membres sont nommés par le Ministre de la guerre.

Nul sous-officier ne pourra être admis à subir les examens d'admission :

1° S'il ne doit avoir deux années de grade de sous-officier au moment d'entrer à l'École ;

2° S'il ne produit le certificat d'aptitude aux fonctions de chef de section de son arme ;

3° Si, à la suite d'un examen médical, il n'a été reconnu physiquement apte à suivre l'enseignement de l'école à laquelle il se présente.

Les sous-officiers qui seraient libérables pendant la durée de leur séjour à l'école devront souscrire, avant d'y entrer, un nouvel engagement.

Désignation par le Ministre du nombre des élèves admis.

Art. 3. Le Ministre fixe, chaque année, suivant les besoins du service, le nombre des élèves à admettre dans les écoles.

Rang, tenue, armement et équipement des élèves.

Art. 4. Les sous-officiers ainsi désignés prennent la dénomination d'élèves officiers ; ils sont remplacés dans les emplois spéciaux dont ils peuvent être pourvus dans leurs corps et placés comme sergents ou maréchaux des logis dans une unité ; ils sont, autant que possible, mis hors cadres, d'après les ordres donnés à ce sujet par le Ministre.

Les élèves officiers portent la tenue et les insignes distinctifs déterminés par règlement ministériel.

Ils ont, en matière d'honneurs et de marques extérieures de respect, les mêmes devoirs et les mêmes droits que les adjudants.

TITRE II.

Personnel

Art. 5. L'école d'élèves officiers d'une arme peut être installée dans la même localité et dans les mêmes quartiers que d'autres établissements d'instruction destinés à des officiers et à des hommes de troupe de la même arme ; chacune de ces catégories d'officiers, de sous-officiers, ou de soldats porte le nom de division.

Le commandement du groupement ainsi constitué est exercé par un officier général ou supérieur ; sous les ordres de celui-ci, le commandement de chaque division est exercé par un officier supérieur dont les attributions seront exposées plus loin.

L'école d'élèves officiers conserve, en tout cas, son autonomie quoique certains emplois, comportant des fonctions analogues dans diverses divisions réunies dans les mêmes casernements, puissent être affectés à un même officier, fonctionnaire, homme de troupe ou employé civil.

Art. 6. Les tableaux fixant la composition du personnel feront l'objet d'une décision présidentielle spéciale.

TITRE III.

Organisation de l'enseignement.

But à atteindre.

Art. 7. Le but que se propose l'enseignement de l'école est de mettre les élèves en mesure de remplir tous les devoirs d'un lieutenant de compagnie, batterie ou escadron en campagne. En outre, ils sont préparés au double rôle d'instructeur et d'éducateur qui leur incombe en temps de paix.

Indications générales sur la manière dont l'enseignement doit être donné.

Art. 8. Les élèves provenant tous de la troupe, il est inutile d'organiser pour eux le simulacre de la vie régimentaire. Les corps de troupe en ayant fait des chefs de section, l'école se préoccupe d'en faire des officiers.

La préparation de la parade ne tient aucune place dans l'instruction. Dans les rassemblements tels que revues, services d'honneur, etc., les élèves sont armés du sabre.

Répartition des élèves.

Art. 9. Les élèves sont répartis en *brigades* ; l'effectif de chaque brigade est en principe de vingt élèves et ne doit pas dépasser vingt-cinq ; suivant les nécessités de l'organisation spéciale à chaque école, les brigades sont réunies en groupes de deux, trois ou quatre brigades.

Attribution des différents grades au point de vue de l'instruction.

Art. 10. *Le commandant de l'École* reçoit du Ministre l'indication du but à atteindre sous forme d'un programme qui doit servir de base à l'établissement des questionnaires pour l'examen de fin d'année. Il donne les ordres nécessaires et pourvoit aux moyens propres à assurer l'exécution de ce programme. Il assume, vis-à-vis du personnel de l'école, tous les devoirs du chef de corps et en exerce les droits.

Le commandant en second, suppléant éventuel du commandant, est, sous ses ordres, directeur de l'instruction ; il s'attache à uniformiser les méthodes d'instruction, à maintenir l'unité de doctrine et à établir une collaboration intime entre les professeurs et les instructeurs.

Dans les écoles où se trouvent réunies plusieurs divisions d'élèves, l'officier supérieur placé à la tête de chaque division exerce, pour cette division, les fonctions de commandant en second ; le commandant en second n'existe pas dans ces écoles ; lorsque le commandant s'absente momentanément, il est remplacé par le plus ancien des officiers supérieurs, chefs de division.

Les professeurs, qui sont en principe du grade de capitaine, font les cours suivant le programme arrêté ; ils surveillent, corrigent les divers travaux, interrogent les élèves et les guident de leurs conseils. Ils adressent au commandant en second toutes les propositions qu'ils croient devoir formuler au sujet des exercices d'application.

Les instructeurs sont chargés de tout ce qui concerne l'éducation militaire des élèves et leur préparation pratique au rôle d'officier. Ils peuvent concourir à surveiller les exercices d'application des cours suivant les ordres qui leur sont donnés par le commandant en second.

Chaque *brigade* d'élèves officiers est commandée par un lieutenant ou un capitaine en second ; chaque *groupe* l'est par un capitaine.

Le capitaine instructeur d'équitation dirige l'instruction équestre et tous les services ayant trait à cette instruction.

Les lieutenants instructeurs d'équitation donnent eux-mêmes directement l'éducation équestre. Chacun d'eux instruit les élèves du ou des groupes auxquels il est affecté en permanence.

Les capitaines professeurs rédigent et tiennent à jour les cours mis entre les mains des élèves.

Conseil d'instruction.

Art. 11. Il est constitué à l'école un conseil d'instruction composé ainsi qu'il suit :

Le commandant de l'école.................... *Président.*

Le commandant en second, directeur de l'instruction. . . . .
Le plus ancien capitaine professeur.......... *Membres.*
Le plus ancien capitaine instructeur..........

Ce conseil est appelé à émettre des avis sur tout ce qui concerne les méthodes d'instruction et le service intérieur de l'école ; il provoque les améliorations à apporter aux programmes d'admission, d'enseignement et de sortie.

Durée des cours.

Art. 12. L'ouverture des cours aura lieu, chaque année, dans le courant du mois d'octobre ; leur clôture au commencement de septembre de l'année suivante.

TITRE IV.

Régime. — Police. — Discipline.

Régime.

Art. 13. Sous le rapport de la police et de la discipline, les écoles sont soumises au même régime que les corps de troupe, sauf les dispositions spéciales que déterminera le règlement ministériel à intervenir sur le service intérieur des écoles.

Conseil de discipline.

Art. 14. Un conseil de discipline est institué dans chaque école pour se prononcer sur le compte des élèves qui, par des fautes graves ou par leur inconduite habituelle, se mettraient dans le cas d'être exclus.

Le conseil de discipline est composé de cinq membres, savoir :

Le commandant de l'école.................... *Président.*

Le commandant en second. . ...
Un capitaine instructeur désigné par le commandant de l'école à l'exclusion du chef de groupe auquel appartient l'élève inculpé.... *Membres.*
Le capitaine professeur le plus ancien........
Le lieutenant instructeur le plus ancien......

L'exclusion est prononcée par le Ministre sur la proposition du conseil de discipline.

Le sous-officier élève officier, dont l'exclusion est prononcée, est immédiatement dirigé sur un corps de troupe.

TITRE V.

Examens de sortie. — Classement.

Examens de sortie.

Art. 15. Sur chaque matière faisant l'objet d'un cours d'enseignement général, une note de revision est attribuée à chaque élève par un examinateur étranger à l'école, désigné par le Ministre.

A la fin de l'année d'études les élèves officiers subissent, sur les matières de l'enseignement militaire, des examens pratiques, devant un jury dont la composition est fixée par le Ministre.

Classement par ordre de sortie.

Art. 16. Le conseil d'instruction établit le classement des élèves par ordre de mérite, d'après les résultats de ces examens et les notes de l'année. La liste de classement est unique pour les sous-officiers de l'armée métropolitaine et pour ceux de l'armée coloniale.

Elèves ayant satisfait aux examens de sortie.

Art. 17. Tous les élèves officiers qui ont satisfait aux examens de sortie sont promus sous-lieutenants dans un des corps de l'armée active.

Le numéro dans le classement de sortie détermine leur rang d'ancienneté dans le grade de sous-lieutenant.

Elèves n'ayant pas satisfait aux examens de sortie.

Art. 18 (1). Les élèves officiers qui n'ont pas satisfait aux épreuves de sortie sont signalés au Ministre par le conseil d'instruction de l'Ecole dans un rapport spécial.

Le Ministre statue sur leur cas.

Il peut, soit retarder leur nomination au grade de sous-lieutenant dans la limite d'un mois, soit les maintenir à l'Ecole pendant une seconde année, soit les renvoyer dans un corps de troupe avec le grade ou l'emploi dont ils étaient pourvus avant leur entrée à l'Ecole.

Ceux d'entre eux qui ont eu une interruption forcée de travail de plus de quarante jours au total, ou de plus de trente jours consécutifs, peuvent être autorisés par le Ministre de la guerre, et sur la proposition du conseil d'instruction, à faire une deuxième année d'études. Ils concourent alors pour le grade de sous-lieutenant avec les élèves-officiers de la promotion suivante.

TITRE VI.

Dispositions générales.

Art. 19. Un règlement ministériel détermine les dispositions de détail que comportent l'admission des élèves, le service intérieur de chaque établissement, la marche de l'instruction et le classement de sortie des écoles militaires.

Art. 20. Les dispositions contenues dans le présent décret seront applicables aux promotions entrant dans les écoles en l'année 1909 et aux promotions suivantes.

Le Ministre de la guerre déterminera les mesures transitoires à appliquer aux promotions précédentes.

Art. 21. Toutes les dispositions contraires au présent décret sont et demeurent abrogées.

Art. 22. Le Ministre de la guerre est chargé de l'exécution du présent décret.

Fait à Rambouillet, le 30 juillet 1907.

---

(1) Nouvelle rédaction du 5 mars 1914 (*B. O.*, p. 469).

Instruction pour l'admission dans les écoles militaires d'aspirants(*).

Paris, le 22 novembre 1913.

TITRE Ier.

Règles concernant les propositions pour l'admission au concours.

Art. 1er. Chaque année, les chefs de corps ou de service présentent, pour être admis à subir les examens d'admission, les sous-officiers qu'ils jugent aptes à devenir officiers.

Pour pouvoir être présentés, les sous-officiers doivent :

Compter au moins deux ans de grade au 15 octobre (1) de l'année de la proposition;

Justifier d'une connaissance suffisante des matières d'instruction générale du concours;

Etre munis du certificat d'aptitude à l'emploi de chef de section ou de peloton (2) ;

Avoir rempli, à la date du 1er avril de l'année du concours, les fonctions de sous-officier comptable pendant quatre mois au moins;

Enfin, avoir été reconnus physiquement aptes à suivre l'enseignement de l'école à laquelle ils se présentent.

Les sous-officiers employés dans les écoles militaires sont présentés par les commandants de ces écoles.

(*) Voir la circulaire du 26 juin 1914, page 89.

(1) Exceptionnellement, cette date sera fixée au 15 décembre pour les candidats au concours de 1915.

(2) Il convient d'appliquer les dispositions ci-après, en ce qui concerne l'examen à passer pour l'obtention de ce certificat :

Le programme d'examen est celui qui est déterminé par les dispositions particulières à chaque arme, concernant la délivrance du certificat à l'emploi de chef de section (ou de peloton) dans la réserve ou l'armée territoriale.

La commission d'examen a la composition prévue par l'instruction relative aux officiers et assimilés de complément.

Le certificat d'aptitude délivré aux candidats leur est acquis d'une manière définitive.

Dans chaque corps de troupes, les examens ont lieu aux époques déterminées par le chef de corps. Toutefois, ils doivent être passés avant le 31 décembre de l'année précédant le concours.

Les sous-officiers candidats à l'Ecole de Saint-Maixent, provenant des sections de secrétaires d'état-major et du recrutement, d'infirmiers et de commis et ouvriers militaires d'administration, sont interrogés sur le programme prévu pour l'infanterie. Ces sous-officiers se présentent, pour obtenir le certificat, devant la commission d'un corps d'infanterie désigné par le général commandant le corps d'armée et, autant que possible, voisin de leur résidence (circulaire du 16 novembre 1908, B. O., p. 1910).

Les sous-officiers servant au titre étranger peuvent également être présentés; mais ils ne sont nommés sous-lieutenants qu'au titre étranger.

Art. 2. Il est établi, pour chaque sous-officier présenté, un mémoire de proposition conforme au modèle n° 1 annexé à la présente instruction. Le chef de corps ou de service et les différentes autorités hiérarchiques inscrivent sur ce mémoire leur appréciation motivée sur la valeur du candidat et donnent leur avis sur la suite que paraît comporter la proposition dont il est l'objet.

L'appréciation du chef de corps et des autorités hiérarchiques est accompagnée, à titre d'indication, d'une note numérique donnée dans l'échelle de 0 à 20 (voir l'article 59 ci-après) et destinée à la résumer.

Au mémoire sont annexés :

1° La copie du carnet de notes du candidat (1);

2° Le certificat constatant que le candidat est dans les conditions physiques nécessaires pour suivre l'enseignement de l'école. Ce certificat lui est délivré à la suite d'une visite passée par un médecin militaire étranger au corps ou service dont il fait partie et désigné par le général commandant le corps d'armée;

Pour les candidats de la cavalerie liés au service après le 25 janvier 1912, l'acuité visuelle doit être au moins égale à 1 (normale) pour l'un des yeux et de 1/10e au moins pour l'autre œil sans le secours d'aucun verre.

On devra également tenir compte de l'aptitude à distinguer les couleurs;

3° Le certificat d'aptitude à l'emploi de chef de section ou de peloton, suivant l'arme;

4° L'acte de naissance ou un certificat en tenant lieu;

5° Un certificat du chef de corps attestant que le candidat aura réellement exercé à la date du 1er avril de l'année du concours les fonctions de sous-officier comptable pendant quatre mois au moins; pour les sous-officiers du cadre des écoles ne comportant pas de comptable, un certificat du commandant de l'école attestant que le sous-officier proposé aura été employé, à la date

---

(1) Si le candidat n'est pas rengagé, il sera pourvu néanmoins d'un carnet de notes du modèle réglementaire pour les sous-officiers rengagés. Ce carnet devra porter, autant que possible, les notes méritées depuis la nomination au grade de sous-officier. Les chefs de corps devront, en conséquence, prescrire la tenue dudit carnet pour tous les sous-officiers candidats aux Écoles militaires d'aspirants.

du 1er avril, pendant quatre mois dans les bureaux des officiers comptables de ladite école;

6° Une note faisant connaître si le candidat a demandé à être interrogé sur une langue vivante (1), et quelle est cette langue;

7° Pour les sous-officiers qui ont été déjà proposés, les mémoires des années précédentes.

Dans le cas où un sous-officier est simultanément candidat à plusieurs écoles ou divisions d'école (2), il est établi un mémoire de proposition (avec pièces annexes) distinct pour chacune d'elles;

8° Pour les sous-officiers qui désirent se présenter la même année pour plusieurs écoles ou divisions d'école, une déclaration faisant connaître la liste, par ordre de préférence, des écoles ou divisions d'école dans lesquelles ils désireraient entrer en cas d'admission simultanée. (Ecoles militaires et Ecole d'administration militaire.)

Cette déclaration aura un caractère définitif.

Art. 3. Les mémoires de proposition, avec toutes les pièces à l'appui, sont adressés au général commandant le corps d'armée pour le 1er février; les corps de troupe qui n'ont point de candidats envoient un état « Néant ».

Les dossiers sont réunis, par corps de troupe ou service, dans un état modèle n° 2, distinct pour chaque école ou division d'école.

Le commandant de corps d'armée inscrit son appréciation motivée sur le mémoire, à la suite des avis des divers chefs hiérarchiques. Il ajourne les candidats qui ne lui paraissent pas remplir les conditions d'aptitude voulues, en formulant sur le mémoire le motif de l'ajournement; dans ce dernier cas, il retire de l'état modèle n° 2 le dossier du sous-officier ajourné, inscrit sur cet état, en face du nom du sous-officier, la mention « Ajourné » avec l'indication sommaire du motif de l'ajournement, et arrête, en toutes lettres, le nombre des candidats dont il admet la proposition.

Les états modèle n° 2, ainsi arrêtés et contenant les dossiers des sous-officiers proposés, sont envoyés au Ministre (Direction de l'arme) pour le 15 février, en même temps que les états « Néant » des corps de troupe n'ayant point de candidats.

---

(1) Ou sur deux langues vivantes, le cas échéant.
(2) Décret du 30 juillet 1907, article 1er.

Les dossiers des sous-officiers ajournés sont renvoyés à leurs corps, en même temps que les dossiers de ceux qui échouent aux examens, pour être utilisés dans le cas où ces sous-officiers seraient ultérieurement l'objet d'une nouvelle proposition.

Les chefs de corps ou de service informent le Ministre (Direction de l'arme), par la voie hiérarchique, de tous faits (mutations, maladies, punitions, etc...) survenus entre l'époque de la transmission des dossiers et la publication des listes d'admission, et pouvant modifier l'opinion émise sur la valeur des sous-officiers proposés.

Les demandes de radiation, s'il y a lieu, doivent être accompagnées d'un rapport détaillé revêtu de l'avis motivé des diverses autorités hiérarchiques.

TITRE II.

Concours.

Art. 4. Le concours d'admission à l'école militaire de chaque arme comprend :

1° Des épreuves écrites d'admissibilité portant sur l'instruction générale;

2° Des épreuves d'admission qui comportent :

a) Des interrogations sur l'instruction générale;

b) Des interrogations et des épreuves pratiques sur l'instruction militaire.

I. — EXÉCUTION DES ÉPREUVES ÉCRITES D'ADMISSIBILITÉ.

Dispositions générales.

Art. 5. Les épreuves écrites ont pour but d'établir un classement destiné à exclure des examens d'admission les sous-officiers dont l'instruction générale laisserait à désirer.

Les points obtenus dans ces épreuves d'admissibilité s'ajoutent aux points obtenus dans les autres épreuves pour déterminer le classement définitif d'admission.

Art. 6. Les épreuves écrites commencent, en principe, le deuxième mercredi d'avril, elles se font conformément aux programmes annexés à la présente instruction.

Elles comprennent :

1° Une composition française;

2° Une composition d'histoire;

3° Une composition de géographie;

4° Une composition d'arithmétique;

5° Une composition de géométrie;

6° Pour les candidats à l'Ecole militaire de l'artillerie (Division de l'Artillerie métropolitaine, et Division de l'Artillerie coloniale), et, pour les candidats à l'Ecole militaire du génie, une composition d'algèbre;

7° Pour les candidats à l'Ecole militaire du génie, une composition de dessin et géométrie descriptive;

8° Pour les candidats qui en ont fait la demande, un thème (sans dictionnaire) de l'une des langues vivantes ci-après : allemand, anglais, italien, espagnol, russe, arabe.

Les candidats sont autorisés à présenter deux langues.

Les compositions de langues vivantes ne comptent pas pour l'admissibilité. Les points qui sont attribués à chacune d'elles sont ajoutés au total de ceux produits par les autres matières pour concourir au classement d'admission, à condition que la note obtenue ne soit pas inférieure à 8.

Art. 7. Les compositions sont exécutées dans les conditions suivantes :

Composition française (3 heures) : le premier jour, matin.

Composition de géométrie (2 heures) : le premier jour, soir.

Composition d'histoire (2 heures) : le deuxième jour, matin.

Composition de géographie (2 heures) : le deuxième jour, soir.

Composition d'arithmétique (2 heures) : le troisième jour, matin.

Chaque composition de langue vivante (1 h. 1/2) : le troisième jour, soir.

Composition d'algèbre (2 heures) : le quatrième jour, matin.

Composition de dessin et géométrie descriptive (4 heures) : le quatrième jour, soir.

Elles commencent le matin à 8 heures et le soir à 14 heures.

Organisation des épreuves. — Désignation des centres de composition. Convocation des candidats.

Art. 8. Les épreuves écrites sont exécutées dans des centres de composition spécifiés au tableau n° 1 annexé à la présente instruction et organisés d'une manière distincte par école ou division d'école (1).

Les sous-officiers candidats à une seule école ou division d'école sont convoqués dans le centre (le cas échéant, dans l'un des centres) de composition de la région afférent à l'école ou division d'école intéressée.

Les sous-officiers candidats simultanément à deux ou trois écoles ou divisions d'école sont convoqués (2);

Au centre de composition afférent à l'Ecole de Versailles s'ils concourent pour cette école;

Dans tous les autres cas, au centre (le cas échéant, à l'un des centres) de composition afférent à l'école de leur arme.

Art. 9. Les généraux gouverneurs militaires de Paris et de Lyon, les généraux commandant les régions de corps d'armée, le commissaire résident général de France au Maroc, commandant en chef, le général commandant les troupes d'occupation du Maroc oriental à Oudjda, le général commandant la division d'occupation de Tunisie, sont chargés d'assurer l'exécution des épreuves dans les centres de composition constitués sur le territoire de leur commandement, chacun en ce qui concerne les candidats appartenant aux corps, services ou détachements stationnés sur ce territoire.

A cet effet, ils reçoivent en temps utile du Ministre (Etat-Major de l'Armée; 3e Bureau; Ecoles militaires) les sujets des épreuves écrites (sous plis cachetés) et les imprimés nécessaires.

Les officiers généraux ci-dessus désignés adressent, pour le 15 février au plus tard, au Ministre (Etat-Major de l'Armée; 3e Bureau; Ecoles militaires) des demandes d'imprimés conformes au modèle n° 3 annexé à la présente instruction (3).

Ils prennent, en se conformant aux règles posées par la présente instruction, toutes les dispositions de détail relatives à l'exécution des épreuves (convocation des candidats, organisation des centres de composition, désignation des officiers chargés de la surveillance des séances, etc...).

---

(1) Il résulte de cette disposition, ainsi que des indications du tableau n° 1, que plusieurs centres de composition peuvent fonctionner en même temps dans une même ville de garnison. Dans ce cas, ces centres doivent être organisés d'une manière absolument distincte (dans des locaux séparés, avec des services de surveillance distincts, etc.).

(2) Ces dispositions ne sont pas applicables à la Corse, l'Algérie, la Tunisie, le Maroc. (Voir l'art. 18 ci-après.)

(3) Les corps d'armée qui n'ont pas de candidat fournissent des états « néant ».

Art. 10. Les officiers généraux visés à l'article précédent font établir, pour chaque centre de composition de leur région, deux bordereaux nominatifs (des modèles n°˚ 4 et 4 *bis* annexés à la présente instruction) des sous-officiers convoqués dans ce centre.

Ces deux bordereaux nominatifs sont établis au titre de l'école ou division d'école à laquelle se rapporte le centre de composition (1). Le bordereau modèle n° 4 est relatif aux compositions autres que celles de langues vivantes, le bordereau modèle n° 4 *bis* concerne ces dernières compositions.

Les sous-officiers candidats à plusieurs écoles ou divisions d'école (voir l'article 8 ci-dessus) sont inscrits sur les bordereaux n°˚ 4 et 4 *bis* dans les mêmes conditions que ceux qui concourent exclusivement pour l'école à laquelle ces bordereaux se rapportent. Mais mention est faite, dans la colonne « Observations », des autres écoles ou divisions d'école auxquelles chacun d'eux se présente.

Art. 11. Les candidats doivent arriver dans le centre de composition la veille du jour fixé pour le commencement des épreuves. Ils sont mis en subsistance dans un des corps de la garnison.

Les convocations dans les centres de composition sont faites, comme il a été dit à l'article 9 ci-dessus, par les soins du commandement territorial.

A cet effet, les chefs de corps, de fractions de corps, ou de services stationnés sur le territoire d'un corps d'armée sans faire partie de ce corps d'armée, y compris ceux qui appartiennent aux troupes coloniales, rendent compte sans délai au général commandant la région des autorisations de concourir accordées aux sous-officiers placés sous leurs ordres et le tiennent au courant des mutations ultérieures qui pourraient intéresser ces sous-officiers.

D'autre part, les chefs de corps, de fractions de corps ou de services des troupes coloniales rendent compte au général

---

(1) Ecole militaire d'infanterie (div. de l'infanterie métropolitaine),
ou Ecole d'application de cavalerie (div. des élèves officiers),
ou Ecole militaire de l'artillerie (div. de l'artillerie métropolitaine),
ou Ecole militaire du génie,
ou Ecole militaire de l'artillerie (div. du train des équipages militaires),
ou Ecole militaire d'infanterie (div. de l'infanterie coloniale),
ou Ecole militaire de l'artillerie (div. de l'artillerie coloniale),
suivant les indications données, à cet effet, par le tableau n° 1 annexé à la présente instruction.

commandant le corps d'armée des troupes coloniales des ordres de convocation intéressant les sous-officiers appartenant à ces troupes et émanant du commandement territorial.

Exécution des compositions.

Art. 12. L'exécution des épreuves dans chaque centre de composition est surveillée par des officiers du grade de capitaine, au nombre de deux au moins, désignés par le général commandant le corps d'armée. Le nombre des capitaines surveillants est fixé à deux pour quinze candidats ou moins de quinze candidats; il est augmenté de un pour chaque groupe supplémentaire de quinze ou fraction de quinze candidats.

Ces capitaines doivent être pris en dehors des officiers qui ont participé à la préparation des candidats. Chacun d'eux reçoit un exemplaire d'une instruction spéciale relative à sa mission.

En principe, les mêmes officiers sont chargés de la surveillance de toutes les épreuves écrites auxquelles tous doivent assister en permanence.

Art. 13. L'enveloppe renfermant chaque sujet de composition est décachetée, en présence des candidats, à l'ouverture de la séance affectée à l'épreuve, par l'un des officiers surveillants. Mention de cette opération est faite au procès-verbal de la séance, dans lequel on doit constater si le cachet était intact.

Art. 14. Toutes les compositions sont faites sur des feuilles à en-tête imprimé, du modèle n° 5 annexé à la présente instruction. Ces feuilles sont délivrées aux candidats au commencement de chaque séance et revêtues, à ce moment, de la signature de l'un des officiers surveillants.

Chaque candidat inscrit lisiblement sur l'en-tête :

1° Le nom de la ville où s'exécutent les compositions ;
2° Ses nom et prénoms ;
3° Son grade et le corps, établissement ou service dont il fait partie ;
4° L'indication de la matière qui fait l'objet de la composition (composition française, etc...);
5° L'école ou les écoles (ou divisions d'école) pour lesquelles il concourt.

Ces deux dernières indications sont répétées au début de la composition, au-dessous de la barre séparant l'en-tête à découper.

En outre, le candidat signe à l'endroit réservé à cet effet sur l'en-tête.

Art. 15. A la fin de chaque épreuve, les candidats remettent leur travail, séance tenante, à l'un des officiers surveillants. Tout candidat qui ne remet pas de composition, ou qui ne se présente pas à l'une quelconque des épreuves autres que celles de langues vivantes, est, par cela même, exclu du concours ; mais les compositions inachevées n'entraînent pas l'exclusion.

Les officiers surveillants réunissent les compositions visées à l'alinéa précédent sous plis scellés et contresignés par eux.

Art. 16. Après la dernière séance affectée aux épreuves *autres que celles de langues vivantes*, les officiers surveillants ouvrent les plis scellés aux séances précédentes. Ils assemblent l'une dans l'autre les compositions du même candidat. Ils groupent ensuite toutes les compositions dans un même dossier, auquel est annexé le bordereau n° 4.

Le dossier ainsi constitué est introduit dans une enveloppe portant en suscription l'indication de l'école à laquelle se rapporte le bordereau.

Cette enveloppe est scellée par les officiers surveillants et contresignée de leurs noms. Elle est placée ensuite, avec les procès-verbaux des séances et un tableau figuratif de la salle des compositions indiquant exactement la place et le nom de chaque candidat, dans une enveloppe entoilée adressée, le jour même et directement, au Ministre de la guerre (Etat-major de l'Armée; 3ᵉ Bureau; Ecoles militaires).

Art. 17. Les dispositions ci-dessus sont applicables aux épreuves facultatives de langues vivantes. Ces épreuves donnent lieu à l'établissement d'un dossier constitué comme celui visé à l'article précédent, le bordereau modèle n° 4 *bis* remplaçant le bordereau modèle n° 4.

DISPOSITIONS SPÉCIALES A LA CORSE, L'ALGÉRIE, LA TUNISIE
ET LE MAROC.

Art. 18. Par dérogation aux dispositions des articles 7 et 8, en ce qui concerne la Corse, l'Algérie, la Tunisie et le Maroc, les centres et heures de composition sont fixés respectivement par les généraux commandant les 15ᵉ et 19ᵉ corps d'armée, par le général commandant la division d'occupation de Tunisie, par le commissaire, résident général de France au Maroc, commandant en chef, et par le général commandant les troupes d'occupation du Maroc oriental.

Les articles 9 à 17 sont applicables aux centres de compositions visés ci-dessus, sous réserve des dispositions spéciales ci-après :

Pour chaque centre de composition, il est établi un bordereau nominatif n° 4 (et, le cas échéant, un bordereau n° 4 bis), relatif à chacune des écoles ou divisions d'écoles intéressées.

Les sous-officiers candidats à une seule école sont inscrits sur le bordereau relatif à l'école pour laquelle ils concourent.

Les sous-officiers se présentant simultanément à deux ou trois écoles ou divisions d'école sont inscrits :

a) Sur le bordereau afférent à l'École de Versailles, s'ils concourent pour cette école;

b) Dans tous les autres cas, sur le bordereau afférent à l'école de leur arme.

Mention est toujours faite, dans la colonne « Observations » du bordereau, des autres écoles ou divisions d'école auxquelles le candidat se présente.

Dans chaque centre de composition, les officiers surveillants groupent, dans des dossiers séparés, les compositions relatives aux diverses écoles ou divisions d'école intéressées.

Ces dossiers, complétés par les bordereaux n° 4 et n° 4 bis correspondants, sont introduits dans des enveloppes se rapportant respectivement aux écoles ou divisions d'école visées ci-dessus.

Enfin, pour la transmission au Ministre de la guerre, lesdites enveloppes sont réunies avec les procès-verbaux des séances dans une même enveloppe entoilée.

II. — ÉTABLISSEMENT DES LISTES D'ADMISSIBILITÉ.

Art. 19. Le Ministre (État-Major de l'Armée; 3e Bureau; Écoles militaires) transmet aux officiers supérieurs présidents des sept jurys d'examen militaire les dossiers scellés concernant respectivement ces jurys.

Numérotage des compositions.

Art. 20. Les présidents des jurys militaires vérifient que chaque composition porte bien : 1° sur l'en-tête, 2° sur la composition même, la désignation de l'école ou des écoles (ou divisions d'école) auxquelles se présente le candidat. Ils collationnent ces indications avec celles des bordereaux modèles nᵒˢ 4 et 4 *bis*, ainsi qu'avec les renseignements fournis par la direction d'arme intéressée.

Ils affectent un numéro d'ordre à chaque candidat, en inscrivant ce numéro sur toutes ses compositions, ainsi que sur leurs en-têtes, et détachent ensuite les en-têtes.

Pour le numérotage des compositions, on utilise les séries de numéros ci-après :

Ecole de Saint-Maixent (infanterie métropolitaine	1 à 1000
Ecole de Saumur....................	1001 à 2000
Ecole de Fontainebleau (artillerie métropolitaine)................................	2001 à 3000
Ecole de Versailles.	3001 à 4000
Ecole de Fontainebleau (train des équipages militaires).......................	4001 à 5000
Ecole de Saint-Maixent (infanterie coloniale).....	5001 à 6000
Ecole de Fontainebleau (artillerie coloniale).	6001 à 7000

Art. 21. Les présidents des jurys d'examen militaire de Saumur, Fontainebleau (artillerie) et Versailles relèvent, sur des états du modèle nᵒ 6 annexé à la présente instruction, les noms et les numéros d'inscription des sous-officiers dont ils ont reçu les compositions et qui, se présentant à l'une des écoles ci-dessus désignées, sont en même temps candidats, soit à l'Ecole de Saint-Maixent, soit à l'Ecole de Saumur, soit à l'Ecole de Fontainebleau (artillerie), soit à l'Ecole de Fontainebleau (train).

Ces états, distincts pour chacune de ces écoles, sont adressés sous pli cacheté aux présidents des jurys d'examen de Saint-Maixent, de Saumur, de Fontainebleau (artillerie) et à Fontainebleau (train), qui les collationnent avec les renseignements fournis par les directions d'armes intéressées.

Art. 22. D'autre part, les présidents des jurys d'examen désignés au début de l'article précédent portent les *numéros* d'inscription des mêmes sous-officiers (à l'exclusion des noms ou de toute autre indication) sur des états du modèle nᵒ 7 ci-annexé. Ces états sont destinés à être complétés ultérieurement par l'inscription des notes de composition, comme il sera dit à l'article 27 ci-après.

Art. 23. Ces relevés ou collationnements terminés, les présidents de jury placent sous scellés les en-têtes des compositions de leur re ... ort (ainsi que, le cas échéant, les états modèle n° 6) et adressent les feuilles de composition numérotées à l'État-Major de l'Armée (3° Bureau; Ecoles militaires) qui les distribue aux correcteurs.

Correction des compositions.

Art. 24. Les correcteurs sont désignés par le Ministre.

En raison du nombre des candidats, deux groupes de correcteurs sont employés aux opérations de correction.

Les compositions sont réparties entre les deux groupes de correcteurs, de manière que la correction des compositions afférentes à une même école ou division d'école soit toujours assurée par le même groupe de correcteurs.

Chaque groupe comprend :

Deux correcteurs pour la composition française ;
Un correcteur pour la composition d'histoire;
Un correcteur pour la composition de géographie;
Un correcteur pour la composition d'arithmétique;
Un correcteur pour la composition de géométrie ;
Un correcteur pour la composition de chacune des langues vivantes.

Toutefois, si le nombre des compositions le permet, un même correcteur peut être chargé de la correction des compositions des deux groupes afférentes à une même langue vivante. Un même correcteur peut être également chargé, le cas échéant, de la correction des compositions de plusieurs langues vivantes.

Il est désigné, en outre, un correcteur de l'épreuve d'algèbre spéciale aux candidats à l'Ecole de Versailles et à l'Ecole de Fontainebleau (Divisions de l'Artillerie et de l'Artillerie coloniale) et un correcteur de l'épreuve de dessin et de géométrie descriptive spéciale aux candidats à l'Ecole de Versailles.

Art. 25. Les correcteurs cotent chaque composition dans l'échelle de 0 à 20 (voir l'article 59 ci-après), en inscrivant la note donnée sur la composition même (1).

Ils retournent les compositions cotées à l'état-major de l'armée

---

(1) Par dérogation à cette disposition, les correcteurs de la composition française inscrivent leurs notes sur des états *ad. hoc* et non sur les feuilles de composition.

La même mesure est appliquée aux compositions de toute nature des sous-officiers simultanément candidats à des écoles ou divisions d'écoles corrigées à la fois par les deux groupes de correcteurs.

(3ᵉ Bureau; Ecoles militaires), qui communique au président du jury militaire un état des notes attribuées aux compositions.

Art. 26. Toute note égale ou inférieure à 4 en composition française, ou deux notes égales ou inférieures à 4 dans les autres épreuves entraînent l'ajournement du candidat, exception faite pour les notes de langues vivantes, qui résultent d'une épreuve facultative.

En ce qui concerne la composition française, la note à attribuer à l'épreuve est la moyenne des deux cotes données respectivement par les deux correcteurs opérant indépendamment l'un de l'autre.

Au contraire, la composition de dessin et de géométrie descriptive ne donne lieu qu'à l'attribution d'une seule note pour l'ensemble des deux matières.

Art. 27. Aussitôt après avoir reçu l'état des notes attribuées aux compositions, les présidents des jurys désignés au premier alinéa de l'article 21 ci-dessus complètent les états modèle n° 7 établis par eux en y inscrivant les notes afférentes à chaque composition. Ils adressent les états de notes ainsi complétés aux présidents des jury d'examen militaire intéressés.

Etablissement des listes d'admissibilité.

Art. 28. Les jurys d'examen militaire, multipliant les notes des correcteurs par les coefficients fixés pour chaque école par le tableau n° II annexé à la présente instruction, calculent les nombres de points à attribuer aux différentes compositions.

Le président de chaque jury dresse alors, pour l'école de son ressort, un état général portant les numéros d'ordre des compositions avec l'indication des notes données à chacune d'elles, de leurs produits par les coefficients et de la somme de ces produits. Il établit ensuite une liste de tous ces numéros par ordre de mérite d'après la somme totale des points obtenus.

Art. 29. Chacune des listes, par ordre de mérite, est adressée au Ministre (Etat-Major de l'Armée; 3ᵉ Bureau; Ecoles militaires) avec les propositions relatives au nombre des candidats à déclarer admissibles.

Après la décision du Ministre, le président du jury d'examen militaire procède à l'ouverture du pli scellé renfermant les en-têtes imprimés et inscrit sur la liste de classement les noms des sous-officiers en regard des numéros d'ordre correspondants.

Art. 30. Les listes des sous-officiers « admissibles » sont publiées dans le *Journal officiel* par les soins des directions d'arme intéressées; elles sont établies dans l'ordre des corps d'armée, et, pour chaque corps d'armée, dans l'ordre de bataille des régiments.

III. — EXÉCUTION DES ÉPREUVES D'ADMISSION.

Art. 31. Les épreuves orales d'admission commencent par les centres de Paris et de Versailles.

Les épreuves orales sur les connaissances générales portent sur les programmes annexés à la présente instruction.

Elles sont subies devant un jury composé de cinq examinateurs désignés par le Ministre, savoir :

Un examinateur pour la langue française et la littérature;
Un examinateur pour l'histoire et la géographie ;
Un examinateur pour l'arithmétique et l'algèbre ;
Un examinateur pour la géométrie (et, le cas échéant, la géométrie descriptive) ;
Un examinateur pour la physique et la chimie.

Les examinateurs de connaissances générales peuvent être civils ou militaires. Dans ce dernier cas, les fonctions sont remplies par des officiers supérieurs appartenant aux diverses armes. Le plus élevé en grade de ces officiers, ou le plus ancien dans le grade le plus élevé, est le président du jury. Un capitaine ou lieutenant lui est adjoint comme secrétaire.

Art. 32. En raison du nombre des candidats, il est organisé deux jurys d'examen de connaissances générales :

Le premier examine les sous-officiers candidats à l'Ecole de Saint-Maixent (infanterie métropolitaine et infanterie coloniale);

Le second examine les sous-officiers candidats à toutes les autres écoles ou divisions d'école.

Art. 33. Les épreuves d'instruction militaire relatives à chaque école sont subies devant un jury composé de cinq membres désignés par le Ministre et appartenant à l'arme de l'école correspondante, savoir :

Un colonel ou lieutenant-colonel.......... *Président;*
Trois chefs de bataillon ou d'escadron..... *Membres;*
Un capitaine................................. *Secrétaire.*

Par exception, le jury d'examen militaire afférent à la division du train a la composition spéciale ci-après :

> Un colonel, ou lieutenant-colonel, ou chef
> d'escadron du train...................... *Président;*
> Un chef d'escadron du train et deux chefs
> d'escadron d'artillerie.................... *Membres;*
> Un capitaine du train...................... *Secrétaire.*

En outre, pour l'examen des sous-officiers du génie ou de la cavalerie candidats à la division du train, un capitaine appartenant à l'arme du candidat interrogé est adjoint au jury avec voix consultative.

Art. 34. Les épreuves orales de connaissances générales et les épreuves d'instruction militaire sont subies dans les centres d'examen ci-après :

a) *Sous-officiers candidats à l'Ecole de Saint-Maixent (infanterie métropolitaine et infanterie coloniale) :*

Paris. — Pour les candidats à l'Ecole de Saint-Maixent (infanterie métropolitaine) stationnés dans le gouvernement militaire de Paris et dans les 3°, 4° et 5° régions; Pour les candidats à l'Ecole de Saint-Maixent (infanterie coloniale) stationnés dans le gouvernement militaire de Paris et dans les 10°, 11° et 18° régions.

Reims. — Pour les candidats à l'Ecole de Saint-Maixent (infanterie métropolitaine) stationnés dans les 1°, 2°, 6° et 20° régions.

Dijon. — Pour les candidats à l'Ecole de Saint-Maixent (infanterie métropolitaine) stationnés dans les 7e, 8e et 21° régions.

Lyon. — Pour les candidats à l'Ecole de Saint-Maixent (infanterie métropolitaine) stationnés dans les 13° et 14° régions; Pour les candidats à l'Ecole de Saint-Maixent (infanterie coloniale) stationnés dans la 14° région.

Marseille. — Pour les candidats à l'Ecole de Saint-Maixent (infanterie métropolitaine) stationnés dans les 15° et 16° régions, en Algérie, en Tunisie et au Maroc; Pour les candidats à l'Ecole de Saint-Maixent (infanterie coloniale) stationnés dans les 15° et 16° régions.

Montauban. — Pour les candidats à l'Ecole de Saint-Maixent (infanterie métropolitaine) stationnés dans les 12°, 17° et 18° régions.

Tours. — Pour les candidats à l'Ecole de Saint-Maixent (infanterie métropolitaine) stationnés dans les 9°, 10° et 11° régions.

b) *Sous-officiers candidats aux autres écoles ou divisions d'école :*

Versailles.	Pour les candidats aux Ecoles de Saumur et de Fontainebleau (artillerie) stationnés dans le gouvernement militaire de Paris et dans les 3°, 4° et 5° régions; Pour tous les candidats à l'Ecole de Versailles; Pour tous les candidats à l'Ecole de Fontainebleau (train).
Châlons (et, en outre, *Reims*, pour les épreuves d'instruction militaire afférentes à l'Ecole de Saumur).	Pour les candidats aux Ecoles de Saumur et de Fontainebleau (artillerie) stationnés dans les 1°, 2°, 6°, 20° et 21° régions.
Valence (et, en outre, *Vienne*, pour les épreuves d'instruction militaire afférentes à l'Ecole de Saumur).	Pour les candidats aux Ecoles de Saumur et de Fontainebleau (artillerie) stationnés dans les 7°, 8°, 13° et 14° régions.
Nîmes (et, en outre, *Tarascon* pour les épreuves d'instruction militaire afférentes à l'Ecole de Saumur).	Pour les candidats aux Ecoles de Saumur et de Fontainebleau (artillerie) stationnés dans les 15° et 16° régions, en Algérie, en Tunisie et au Maroc.
Toulouse (et, en outre, *Montauban* pour les épreuves d'instruction militaire afférentes à l'Ecole de Saumur).	Pour les candidats aux Ecoles de Saumur et de Fontainebleau (artillerie) stationnés dans les 12°, 17° et 18° régions.
Poitiers (et, en outre, *Angers* et *Lorient* respectivement pour les épreuves d'instruction militaire afférentes à la cavalerie et à l'artillerie coloniale).	Pour les candidats aux Ecoles de Saumur et de Fontainebleau (artillerie) stationnés dans les 9°, 10° et 11° régions; Pour tous les candidats à l'Ecole de Fontainebleau (artillerie coloniale).

Art. 35. Dans chaque centre d'examen, les candidats subissent d'abord les épreuves de connaissances générales. Ils subissent ensuite l'examen d'instruction militaire dans le centre d'examen lui-même ou dans la place rattachée à ce centre, conformément aux indications du tableau de l'article précédent.

Si un candidat, faisant valoir une raison légitime, demande à subir tout ou partie des épreuves orales de connaissances générales ou d'instruction militaire dans un centre autre que celui où il a été ou devait être convoqué, il en est rendu compte d'urgence au Ministre (Etat-Major de l'Armée; 3° Bureau; Ecoles militaires) qui assigne, s'il y a lieu, à ce candidat un autre centre d'examen.

Art. 36. Les sous-officiers simultanément candidats à l'Ecole de leur arme et à une ou deux autres écoles ou divisions d'école subissent, en principe, leurs examens de connaissances générales dans les mêmes conditions que ceux de leurs camarades qui sont candidats à l'école de leur arme exclusivement.

D'autre part, les sous-officiers simultanément candidats à l'Ecole de Saint-Maixent (infanterie métropolitaine) et à l'Ecole de Versailles, sont examinés par les deux jurys d'examen de connaissances générales.

Les sous-officiers étrangers au génie et simultanément candidats à l'Ecole de Versailles et à l'Ecole de Fontainebleau (train) subissent les examens de connaissances générales avec les candidats à la première de ces écoles.

Art. 37. Immédiatement après l'établissement des listes d'admissibilité, l'Etat-Major de l'Armée (3ᵉ Bureau; Ecoles militaires) arrête, en tenant compte du nombre des candidats devant subir les épreuves orales dans chaque centre, les propositions à adresser au Ministre, en ce qui concerne :

Les itinéraires à suivre par les jurys ;

Les dates d'arrivée des divers jurys dans les centres d'examen ou dans les places de rattachement.

L'Etat-Major de l'Armée (3ᵉ Bureau; Ecoles militaires) détermine le nombre approximatif de candidats à chaque école (ou division d'école) que les jurys de connaissances générales auront à interroger chaque jour, de manière à assurer le fonctionnement régulier des jurys d'examen militaire et, d'une manière générale, arrête toutes les dispositions à prendre pour l'organisation d'ensemble des examens.

Art. 38. Les dates auxquelles les épreuves orales de connaissances générales doivent commencer dans les divers centres d'examen, en ce qui concerne spécialement chaque école ou division d'école, sont publiées au *Journal officiel*.

Examen oral de connaissances générales.

Art. 39. Les connaissances générales sur lesquelles porte l'examen oral sont :

Langue française et littérature;
Histoire et géographie;

Arithmétique et algèbre;

Géométrie ;

Physique et chimie.

En sus des matières indiquées ci-dessus, les candidats à l'Ecole du génie sont interrogés sur la géométrie descriptive.

Art. 40. Le président de chaque jury d'examen de connaissances générales arrête, en se conformant aux instructions qu'il a reçues de l'Etat-Major de l'Armée (3ᵉ Bureau; Ecoles militaires), toutes les dispositions de détail relatives au fonctionnement de son jury. Il désigne les candidats de son ressort qui doivent être interrogés chaque jour.

Parmi les candidats à une même école (ou division d'école), le tour d'examen est déterminé, en principe, dans l'ordre des corps d'armée et pour chaque corps d'armée, dans l'ordre de bataille.

En principe, un candidat qui, par suite de maladie ou d'empêchement régulièrement constaté, ne se présente pas à son rang de passage, est reporté à la suite des candidats de sa catégorie dans le même centre d'examen.

Art. 41. Le président de chaque jury d'examen de connaissances générales convoque les candidats de son ressort au moyen d'avis envoyés directement par lui aux chefs de corps ou de service, en se conformant aux dispositions de l'article précédent. Les candidats doivent être rendus au centre d'examen l'avant-veille du jour où ils doivent vraisemblablement subir les épreuves. Ils sont mis en subsistance dans un des corps de troupe de la garnison pendant la durée des examens.

Art. 42. Par exception, les sous-officiers stationnés en Algérie, en Tunisie et au Maroc sont envoyés sans convocation préalable par les soins des généraux commandant le 19ᵉ corps d'armée, la division d'occupation de Tunisie, le commissaire résident général de France au Maroc, commandant en chef, et le général commandant les troupes d'occupation du Maroc oriental :

A Marseille, en ce qui concerne les candidats à l'Ecole de Saint-Maixent (infanterie et infanterie coloniale);

A Nîmes, en ce qui concerne les candidats aux Ecoles de Saumur et de Fontainebleau (artillerie);

A Versailles, en ce qui concerne les candidats aux Ecoles de Versailles et de Fontainebleau (train);

A Poitiers, en ce qui concerne les candidats à l'Ecole de Fontainebleau (artillerie coloniale).

Tous les sous-officiers visés dans les trois alinéas précédents sont mis en route de manière à être rendus respectivement aux centres d'examen de Marseille, Nîmes, Versailles et Poitiers l'avant-veille de la date fixée pour le commencement, dans le centre d'examen intéressé, des épreuves orales de connaissances générales relatives à l'école pour laquelle ils concourent.

Ceux de ces sous-officiers qui sont simultanément candidats à l'école de leur arme et à une ou deux autres écoles ou divisions d'école sont dirigés sur les centres d'examen afférents à l'école de leur arme, conformément aux dispositions de l'article 36.

Art. 43. Sur la demande du président du jury d'examen des connaissances générales, les commandants d'armes désignent les locaux à affecter aux interrogations.

Chaque jour, le président du jury des connaissances générales fait afficher la liste des candidats qui seront interrogés dans la journée suivante, ainsi que tous les autres renseignements utiles à ces derniers.

Les sous-officiers qui, sans motif valable, ne se présentent pas lorsqu'ils sont appelés à l'une des épreuves, peuvent être punis disciplinairement et exclus du concours.

Art. 44. Les questions posées aux diverses interrogations sont tirées au sort ; à cet effet, les examinateurs préparent, chaque matin, un nombre de bulletins supérieur à celui des candidats qu'ils doivent interroger dans la journée. Chacun de ces bulletins porte des questions de force graduée.

Le candidat, à l'appel de son nom, tire un bulletin, en prend connaissance et le remet à l'examinateur.

L'interrogation roule sur les questions figurant au bulletin ; toutefois, l'examinateur peut poser, en outre, les questions qu'il juge nécessaires pour s'éclairer sur l'étendue des connaissances du candidat.

Les examinateurs notent les candidats, suivant l'échelle de 0 à 20 (voir l'article 59 ci-après), sur chaque matière (ou groupe de matières) affectée d'un coefficient.

Ils n'ont pas connaissance des notes obtenues aux épreuves écrites.

Art. 45. Tous les officiers et sous-officiers de l'armée active peuvent assister aux épreuves orales, l'entrée des salles d'interrogation restant interdite à toute autre personne.

Art. 46. A mesuré que les sous-officiers ont terminé les épreuves de connaissances générales, le président du jury les renvoie au jury d'examen militaire intéressé (en les faisant mettre en route par l'autorité militaire locale s'ils ont à rejoindre une place de rattachement). Il adresse journellement au président du jury d'examen militaire de chaque école de son ressort, la liste des sous-officiers mis à sa disposition.

Art. 47. Immédiatement après la clôture des épreuves orales de connaissances générales dans chaque centre d'examen, le président du jury adresse au Ministre (Etat-Major de l'Armée; 3° Bureau; Ecoles militaires) pour chaque école ou division d'école intéressée, l'état des notes données aux candidats (modèle n° 8 annexé à la présente instruction). Il signale les sous-officiers qui, pour un motif quelconque, n'ont pas subi les épreuves de connaissances générales et rend compte des incidents qui ont pu se produire.

Examen d'instruction militaire.

Art. 48. L'examen d'instruction militaire relatif à chaque école comprend des épreuves orales théoriques et pratiques ; il porte sur toutes les parties des règlements et instructions en vigueur dans l'arme, indispensables à un chef de section ou de peloton (1).

Art. 49. Les épreuves d'instruction militaire commencent dans chaque centre d'examen, en principe, le lendemain ou le surlendemain du jour où les premiers candidats ont terminé les épreuves de connaissances générales.

Elles ont lieu tous les jours, excepté les dimanches et jours fériés.

Les candidats subissent, en principe, les épreuves d'instruction militaire dans le même ordre de passage que celui où ils ont subi les épreuves de connaissances générales.

Art. 50. Les sous-officiers simultanément candidats à l'école

---

(1) Les candidats à la division du train provenant de la cavalerie, de l'artillerie et du génie sont examinés respectivement sur les connaissances militaires prévues, pour le concours à l'école de leur arme, par le tableau n° II annexé à la présente instruction. Les coefficients à attribuer aux diverses matières sont ceux indiqués audit tableau. Les candidats à la division du génie sont interrogés, en topographie, sur le programme relatif à cette matière annexé à la présente instruction.

de leur arme et à l'Ecole de Versailles (1) ou à l'Ecole de Fontainebleau (train) subissent, en principe, l'examen d'instruction militaire afférent à l'école de leur arme en même temps que ceux de leurs camarades qui sont candidats à cette dernière exclusivement.

D'autre part, ils sont convoqués en temps utile dans le centre d'examen de Versailles pour y subir les examens d'instruction militaire afférents à la division du génie ou à la division du train. Les convocations relatives à ces derniers examens sont réglées directement par le Ministre (Etat-Major de l'Armée; 3ᵉ Bureau; Ecoles militaires).

Art. 51. Le président de chaque jury d'examen militaire fait connaître à l'avance et directement aux généraux gouverneurs militaires ou commandants de corps d'armée intéressés la date à laquelle le jury qu'il préside doit commencer à fonctionner dans chaque centre d'examen (ou place de rattachement).

Art. 52. Sur la demande du président de chaque jury d'instruction militaire, les commandants d'armes mettent à sa disposition, dans chaque centre d'examen, le nombre d'hommes et de chevaux et le matériel nécessaires. Ils désignent les locaux et terrains à affecter aux épreuves.

Les chevaux à attribuer aux candidats pour chaque épreuve sont désignés par le sort parmi ceux mis à la disposition du jury.

Art. 53. Chaque jour, le président du jury d'examen militaire fait afficher la liste des sous-officiers qui seront interrogés dans la journée suivante. Ceux d'entre eux qui, sans motif valable, ne se présentent pas lorsqu'ils sont appelés, peuvent être punis disciplinairement et être exclus du concours.

Art. 54. Le président de chaque jury d'examen militaire prend, d'après les besoins et les usages de l'arme à laquelle il appartient, et en se conformant aux instructions qu'il a reçues de l'Etat-Major de l'Armée (3ᵉ Bureau; Ecoles militaires), toutes les dispositions de détail propres à permettre au jury de constater la valeur des candidats.

---

(1) Ces sous-officiers, ainsi que ceux des unités spécialisées du génie, accomplissent un stage de deux mois dans un régiment du génie. Ce stage a lieu au 1ᵉʳ régiment du génie, pour les sous-officiers des 5ᵉ et 8ᵉ régiments du génie; au 6ᵉ régiment du génie (Angers), pour les sous-officiers des autres armes. (Modification à la circulaire du 22 juin 1909, *B. O.*, P. P., p. 1027.)

Le jury d'examen opère, en principe, groupé. Toutefois, pour les matières d'examen où sa réunion ne paraît pas indispensable, il peut se diviser en sous-commissions de deux membres (à l'exclusion du capitaine secrétaire). Les matières d'examen visées ci-dessus sont alors réparties entre les deux sous-commissions constituées.

Art. 55. Les candidats sont notés suivant l'échelle de 0 à 20 (voir l'article 59 ci-après) pour chaque matière (ou groupe de matières) affectée d'un coefficient.

Lorsque le jury opère groupé (1), la note à attribuer pour chaque matière (ou groupe de matières) est la moyenne des quatre cotes données par les quatre membres du jury d'examen (à l'exclusion du capitaine secrétaire).

Lorsque le jury opère en sous-commissions, la note à attribuer est la moyenne des deux notes données par les deux membres de la sous-commission.

Toute note définitive inférieure à 8 sur une matière (ou groupe de matières) entraîne l'exclusion du candidat (2).

Art. 56. Immédiatement après la clôture des opérations dans chaque centre d'examen, le président du jury d'examen militaire adresse au Ministre (Etat-Major de l'Armée; 3ᵉ Bureau; Ecoles militaires) l'état des notes données aux candidats (modèle n° 9 annexé à la présente instruction). Il signale les sous-officiers qui, pour un motif quelconque, n'ont pas subi les épreuves et rend compte des incidents qui ont pu se produire.

Art. 57. Les sous-officiers sont mis en route sur leur garnison, par les soins du président du jury d'examen militaire, le lendemain du jour où ils ont terminé les épreuves afférentes à cet examen.

IV. — DISPOSITIONS COMMUNES AUX ÉPREUVES ÉCRITES ET ORALES.

Art. 58. Tout candidat convaincu de fraude pendant les épreuves écrites ou orales sera exclu, non seulement du concours commencé, mais encore, en principe, de ceux des

---

(1) Dans le cas où, le jury opérant groupé, un des officiers supérieurs du jury serait absent pour raison de force majeure, la note définitive serait la moyenne des trois seules cotes données.

(2) Exception est faite pour l'épreuve d'équitation des candidats à la division du génie de l'Ecole de Versailles; cette épreuve ne comporte pas de note éliminatoire.

années suivantes. Il ne pourra être ultérieurement réadmis à concourir qu'après avoir prouvé, pendant un temps suffisant, par une conduite irréprochable, qu'il a réellement compris la gravité de sa faute et s'est pénétré des devoirs qui incombent à un officier.

En ce qui concerne les examens écrits, l'officier le plus ancien chargé de la surveillance dans un centre de composition a toute qualité pour prononcer, s'il y a lieu, l'exclusion d'un candidat convaincu de fraude au cours de l'exécution d'une épreuve. Dans ce cas, il joint au procès-verbal de la séance un rapport sur l'incident; il en rend compte, en même temps, au général commandant le corps d'armée.

En ce qui concerne les épreuves orales, les présidents des divers jurys ont le même pouvoir. Ils rendent compte, dans ce cas, immédiatement au Ministre (Etat-Major de l'Armée; 3ᵉ Bureau; Ecoles militaires).

En fin de mission, les correcteurs et les présidents des jurys d'examen remettent au Ministre (Etat-Major de l'Armée: 3ᵉ Bureau; Ecoles militaires) les observations auxquelles ont donné lieu les divers examens.

Art. 59. L'échelle de notation à utiliser, en ce qui concerne les notes à donner tant dans la correction des compositions écrites que dans les examens oraux de connaissances générales ou d'instruction militaire, est la suivante :

Parfaitement	20, 19.
Très bien	18, 17.
Bien	16, 15, 14.
Assez bien	13, 12.
Passable	11, 10.
Médiocre	9, 8.
Faible	7, 6, 5.
Mal	4, 3, 2.
Très mal, nul	1, 0.

TITRE III

Cote d'ensemble. — Coefficients. — Majorations.

Cote d'ensemble.

Art. 60. Indépendamment des notes constatant le degré d'instruction militaire, le jury d'examen militaire donne à chaque candidat une note, dite cote d'ensemble, résumant, par un chiffre de 0 à 20, la valeur militaire du candidat, son aptitude au commandement, sa tenue, sa conduite, sa manière de servir.

Cette cote d'ensemble est donnée après que le candidat a subi les épreuves d'instruction militaire, compte tenu de son dossier et des différentes notes des chefs hiérarchiques figurant sur le mémoire de proposition.

La note à attribuer est la moyenne des notes données par les membres du jury (à l'exclusion du capitaine secrétaire).

Coefficients.

Art. 61. Le détail des coefficients afférents à chaque arme est donné par le tableau n° II annexé à la présente instruction.

Majorations.

Art. 62. Les majorations ci-après sont accordées aux candidats d'après leurs états de service :

    a) Toute année complète de grade de sous-officier, à la date du 15 octobre de l'année de la proposition, en excédent des deux années exigées. . . . . 20 points.

    b) Toute année complète, à la date du 15 octobre de l'année de la proposition, pendant laquelle le sous-officier a occupé l'emploi de sergent-major ou maréchal des logis chef ou d'adjudant. 15   —

Les majorations *a* et *b* se cumulent sans pouvoir donner, pour l'ensemble, un total de points supérieur à 100.

    c) Toute campagne (1) simple. . . . . 6 points.

    Toute campagne (1) double ou de guerre. 12   —

---

(1) Dans le calcul des majorations, les campagnes sont décomptées en tenant compte de toute fraction égale à un mois.

d) Toute blessure de guerre et toute citation
pour faits d'armes (plusieurs blessures
reçues dans une même affaire ne comp-
tent que pour une seule)................ 12 points.

Les majorations *c* et *d* se cumulent sans pouvoir donner, pour
l'ensemble, un total de points supérieur à 50.

TITRE IV.

Établissement des listes d'admission.

Art. 63. Immédiatement après la fin des épreuves orales,
chaque jury d'examen militaire dresse la liste, par ordre de
mérite, qui le concerne.

A cet effet, il multiplie les notes obtenues par chaque candidat dans les diverses épreuves orales de connaissances générales et d'instruction militaire par les coefficients fixés pour
chaque école par le tableau n° II annexé à la présente instruction. Il totalise ensuite ces points pour chaque candidat, en y
ajoutant les points de majoration, ainsi que les points obtenus
pour la cote d'ensemble et pour les diverses épreuves écrites.

Chacune des listes par ordre de mérite est remise à l'État-Major de l'Armée (3° Bureau; Écoles militaires) avec les propositions relatives au nombre de sous-officiers à admettre à l'école.

Après la décision du Ministre, les listes définitives d'admission, établies par ordre de mérite, sont publiées au *Journal
officiel* par les soins des directions d'arme intéressées.

Art. 64. Les sous-officiers inscrits sur les listes d'admission
sont nommés aspirants à la date du 1ᵉʳ octobre. Ils sont mis en
route par leurs corps, de façon à se présenter aux diverses écoles
au jour et à l'heure fixés par un avis inséré au *Journal officiel;*
ils sont pourvus par leurs corps de tous les effets prévus par le
règlement sur le service de l'habillement et ont droit à l'indem-
nité de route du grade de sergent ou maréchal des logis.

TITRE V.

Dispositions spéciales à l'armée coloniale et aux candidats
de l'armée métropolitaine détachés aux colonies.

Art. 65. Les sous-officiers appartenant à des éléments des
troupes coloniales stationnés en France sont soumis, pour l'ad-

mission aux écoles militaires, aux mêmes règles que les sous-officiers des troupes métropolitaines.

Ils pourront bénéficier, à cet effet, de dispenses de service colonial dans les conditions ci-après :

a) Tout candidat autorisé à prendre part au concours d'admission à ces écoles est dispensé du service colonial jusqu'à la publication des listes d'admissibilité, et, s'il est admissible, jusqu'à l'issue du concours;

b) Tout candidat qui n'a pas été déclaré admissible aux épreuves orales du concours peut, sur sa demande, et après avis des autorités hiérarchiques, être maintenu en France par décision du Ministre jusqu'au concours suivant. Cette dispense n'est pas renouvelable si le candidat qui en a bénéficié n'est pas admissible l'année suivante;

c) Tout candidat déclaré admissible peut, dans les mêmes formes que ci-dessus, être maintenu en France par décision du Ministre, jusqu'au concours suivant.

Art. 66. Les sous-officiers des troupes coloniales et des troupes métropolitaines appartenant à des corps ou fractions de corps stationnés aux colonies ou détachés dans les colonies à un titre quelconque peuvent, après un an de présence au moins dans la colonie ou le groupe de colonies, compté au 1er janvier de l'année du concours, être présentés par leur chef de corps ou de service pour être admis à subir les examens d'admission.

Les dispositions générales prévues par la présente instruction leur sont applicables, sous réserve des dispositions spéciales ci-après.

Candidats en service en Indo-Chine, en Afrique orientale, en Afrique
occidentale et en Afrique équatoriale.

Art. 67. Dans les colonies désignées ci-dessus, les commandants supérieurs des troupes statuent sur le maintien ou l'ajournement des propositions.

Ils adressent au Ministre (État-Major de l'Armée; 3e Bureau; Écoles militaires), pour le 20 janvier au plus tard, un état faisant connaître les noms des sous-officiers candidats, les différentes écoles ou divisions d'école auxquelles ils se présentent, et leur répartition par centre de composition. Cet état, qui sera fourni même s'il n'y a aucun candidat, servira de base à l'envoi des sujets de composition et des imprimés nécessaires.

Les candidats subissent, dans la colonie, les épreuves écrites aux mêmes dates que dans la métropole; s'ils sont déclarés admissibles, ils sont renvoyés en France pour prendre part aux épreuves orales.

A cet effet, le commandant supérieur des troupes reçoit en temps utile, du Ministre de la guerre, les sujets des épreuves écrites et les imprimés nécessaires.

Le commandant supérieur organise les épreuves écrites dans les colonies de son ressort, en s'inspirant des dispositions spécifiées dans la présente instruction. Il fixe, dans la limite indiquée par le Ministre, les centres de composition. *Ces derniers sont communs à toutes les écoles ou divisions d'école.*

Les compositions sont faites et surveillées dans des conditions analogues à celles prévues par la présente instruction pour la Corse, l'Algérie, la Tunisie et le Maroc. Elles sont adressées au commandant supérieur des troupes, qui les fait corriger et arrête les listes d'admissibilité.

Les notes données aux compositions écrites par les correcteurs désignés dans la colonie servent exclusivement à l'établissement des listes d'admissibilité. Elles ne sont pas inscrites sur les compositions.

Les dossiers des candidats déclarés admissibles, ainsi que les compositions écrites de ces derniers, sont transmis au Ministre en même temps que l'avis de rapatriement des intéressés dont la rentrée en France doit avoir lieu avant le 15 juin.

Les notes définitives à attribuer aux compositions faites aux colonies sont données par les correcteurs des compositions similaires de la métropole, et leur correction est assujettie aux mêmes règles que celle de ces dernières.

Les compositions de langues vivantes, n'entrant pas en ligne de compte pour l'admissibilité, sont corrigées par les correcteurs de la métropole exclusivement.

Les candidats subissent les épreuves orales dans un centre d'examen fixé par le Ministre (en principe, le dernier centre d'examen prévu pour l'école ou division d'école à laquelle ils se présentent). Les convocations, à cet effet, sont réglées par le Ministre (Etat-Major de l'Armée; 3ᵉ Bureau; Ecoles militaires).

Candidats provenant des autres colonies.

Art. 68. Dans les colonies autres que celles visées à l'article précédent, les commandants supérieurs des troupes statuent sur le maintien ou l'ajournement des propositions. Ils renvoient en France, pour prendre part aux épreuves écrites et orales, les sous-officiers dont la proposition a été acceptée.

Ces sous-officiers doivent avoir rejoint leur corps avant le 1ᵉʳ avril.

CONCOURS D'ADMISSION AUX ÉCOLES DE SOUS-OFFICIERS ÉLÈVES OFFICIERS

TABLEAU Nº I. — *Centres de compositions écrites* (a).

RÉGIONS de CORPS D'ARMÉE.	DÉSIGNATION DES CENTRES DE COMPOSITIONS.						
	Concours de Saint-Maixent (infanterie).	Concours de Saumur.	Concours de Fontainebleau (artillerie).	Concours de Versailles (génie).	Concours de Fontainebleau (train).	Concours de Saint-Maixent (inf. colon.).	Concours de Fontainebleau (artillerie colon.).
1re	Lille. Arras.	Lille.	Douai.	Arras.	Lille.	»	»
2e	Amiens. Mézières.	La Fère.	La Fère.	Amiens.	Amiens.	»	»
3e	Rouen.	Évreux.	Rouen.	Rouen.	Vernon.	»	»
4e	Le Mans.	Alençon.	Le Mans.	Le Mans.	Chartres.	»	»
5e	Orléans.	Melun.	Orléans.	Orléans.	Fontainebleau	»	»
6e	Reims Saint-Mihiel. Verdun.	Verdun. Châlons.	Châlons.	Verdun.	Camp de Châlons.	»	»
7e	Besançon. Belfort.	Vesoul.	Besançon.	Besançon.	Dôle.	»	»
8e	Dijon. Bourges.	Dijon.	Bourges.	Bourges.	Dijon.	»	»
9e	Poitiers. Tours.	Tours.	Poitiers.	Angers.	Châteauroux.	»	»
10e	Rennes. Cherbourg.	Dinan.	Rennes.	Rennes.	Fougères.	Cherbourg.	Cherbourg.
11e	Nantes. Vannes.	Nantes.	Vannes.	Nantes.	Nantes.	Brest.	Lorient.
12e	Limoges. Périgueux.	Limoges.	Angoulême.	Limoges.	Limoges.	»	»
13e	Clermont. Saint-Etienne	Clermont.	Clermont.	Clermont.	Clermont.	»	»
14e	Lyon. Grenoble.	Lyon.	Grenoble.	Grenoble.	Lyon.	Lyon.	»
15e (1)	Nice. Aix.	Marseille.	Nîmes.	Avignon.	Orange.	Toulon.	Toulon.
16e	Montpellier. Narbonne.	Béziers.	Castres.	Montpellier.	Lunel.	Perpignan.	»
17e	Toulouse. Montauban.	Montauban.	Toulouse.	Toulouse.	Montauban.	»	»
18e	Bordeaux. Bayonne	Libourne.	Tarbes.	Bordeaux.	Bordeaux.	Bordeaux.	Rochefort.
20e	Nancy Toul.	Lunéville.	Nancy.	Toul.	Troyes.	»	»
21e	Epinal. Saint-Dié.	Epinal.	Epinal.	Epinal.	Epinal.	»	»
Gouv. milit. de Paris.	Paris (2).	Paris.	Vincennes.	Versailles.	Paris.	Paris.	Vincennes.
19e (3).	»	»	»	»	»	»	»
Tunisie (3).	»	»	»	»	»	»	»
Maroc (3).	»	»	»	»	»	»	»

(1) Il est organisé, en outre, en Corse, un centre de compositions commun pour tous les concours.

(2) Il est organisé pour les corps de troupe d'infanterie du gouvernement militaire de Paris, deux ou trois centres de compositions suivant les dispositions spéciales prises à ce sujet par le gouvernement militaire de Paris.

(3) Le général commandant le 19e corps, le général commandant la division d'occupation de Tunisie, le commissaire résident général de France au Maroc, commandant en chef, et le général commandant les troupes d'occupation du Maroc oriental organisent le nombre de centres de compositions qu'ils estiment nécessaires, *ces centres étant communs pour tous les concours.*

(a) Modifié par circulaire du 16 mars 1914 (R. O., p. 430).

TABLEAU N° II. — *Coefficients* (1).

Ecole d'infanterie.

CONNAISSANCES GÉNÉRALES.

Epreuves écrites.

Composition française.	6	
Histoire.	3	
Géographie	3	20
Arithmétique.	4	
Géométrie.	4	

Langues vivantes (facultatives) : 1 (pour chaque langue).

Epreuves orales.

Littérature et langue française	5	
Histoire.	5	
Géographie.	5	
Arithmétique.	5	30
Géométrie.	5	
Algèbre.	3	
Physique et chimie.	2	

CONNAISSANCES MILITAIRES.

Instruction théorique.

Service en campagne et travaux de campagne	8	
Service intérieur et service de place	3	
Instruction du tir	4	20
Comptabilité de compagnie	4	
Règlement d'éducation physique	1	

Instruction pratique.

Ecole du soldat et instruction du tireur	12	
Ecole de section, lecture des cartes	13	41
Aptitude physique.. { Gymnastique.	12	
Escrime (2).	4	
Note d'ensemble	10	
	TOTAL	**121**

(1) Modifié par circulaire du 20 mars 1914 (*B. O.*, p. 516).
(2) L'épreuve d'escrime n'est pas subie par les sous-officiers de l'Infanterie coloniale; pour ces derniers, le coefficient de la gymnastique est porté de 12 à 15.

École de cavalerie.

Epreuves écrites.

Composition française. . . .. 6 ⎫
Histoire. . . . . 3 ⎪
Géographie. . . . . 3 ⎬ 20
Arithmétique. . . . . 4 ⎪
Géométrie. . . . . 4 ⎭
Langues vivantes (facultatives) : 1 (pour chaque langue).

Epreuves orales.

Littérature et langue française... .... 5 ⎫
Histoire. . . . . 5 ⎪
Géographie. . . . . 5 ⎪
Arithmétique. . . . . 5 ⎬ 30
Géométrie. . . . . 5 ⎪
Algèbre. . . . . 3 ⎪
Physique et chimie. . . . . 2 ⎭

Instruction théorique.

Service en campagne.. 6 ⎫
Service intérieur et service de place...................... 2 ⎪
Règlements d'exercice et de tir............................ 8 ⎬ 20
Comptabilité d'escadron. . . .. 2 ⎪
Hippologie et hygiène des chevaux......................... 2 ⎭

Instruction pratique.

Manœuvre. . . . . 12 ⎫
Service en campagne pratique, lecture des cartes........ 11 ⎪
                         ⎧ Equitation. .... 12 ⎬ 41
Aptitude physique.. ⎨ Escrime et emploi des armes. .... 4 ⎪
                         ⎩ Gymnastique et voltige. .... 2 ⎭
                         Note d'ensemble............... 10
                                                       ———
                         TOTAL........... 121

Ecoles d'artillerie et du train des équipages.

A. — ARTILLERIE.

Epreuves écrites.

Composition française. . . .. 5 ⎫ 8
Histoire. . . . . 3 ⎭
                                            ———
                         A reporter..... 8

	Report......	8	
Géographie.		3	
Arithmétique.		3	20
Géométrie.		3	
Algèbre.		3	

Langues vivantes (facultatives) : 1 (pour chaque langue).

Epreuves orales.

Littérature et langue française	5	
Histoire.	4	
Géographie.	4	
Arithmétique.	4	30
Géométrie.	4	
Algèbre.	5	
Physique et chimie.	4	

CONNAISSANCES MILITAIRES.

Instruction théorique.

Service en campagne.	4	
Service intérieur et service de place.	2	
Connaissance du matériel, pointage et tir.	10	20
Comptabilité de batterie.	2	
Hippologie et hygiène des chevaux.	2	

Instruction pratique.

Manœuvre.	13	
Service en campagne pratique, lecture des cartes.	12	
Aptitude physique.. { Équitation.	10	41
Escrime.	4	
Gymnastique.	2	
Note d'ensemble.		10

| **TOTAL**........ | **121** |

B. — TRAIN DES ÉQUIPAGES.

CONNAISSANCES GÉNÉRALES.

Epreuves écrites.

Composition française.	6	
Histoire.	3	
Géographie.	3	20
Arithmétique.	4	
Géométrie.	4	

Langues vivantes (facultatives) : 1 (pour chaque langue).

Epreuves orales.

Littérature et langue française	5	
Histoire.	5	
Géographie.	5	
Arithmétique.	5	30
Géométrie.	5	
Algèbre.	3	
Physique et chimie.	2	

| *A reporter*......... | 50 |

Report........   50

CONNAISSANCES MILITAIRES.

Instruction théorique.

Service en campagne..........................	4	
Service intérieur et service de place................	2	
Connaissance du matériel........................	8	18
Comptabilité de compagnie.......................	2	
Hippologie...................................	2	

Instruction pratique.

Manœuvre..........................	14	
Service en campagne pratique, lecture des cartes..........	13	43
Aptitude physique.. { Équitation........................	10	
{ Escrime.........................	4	
{ Gymnastique........................	2	
Note d'ensemble............		10
TOTAL........		121

Ecole du génie.

CONNAISSANCES GÉNÉRALES.

Epreuves écrites.

Composition française........................	4	
Histoire.....................................	2	
Géographie..................................	2	
Arithmétique.................................	3	20
Géométrie...................................	3	
Algèbre.....................................	3	
Dessin et géométrie descriptive..................	3	
Langues vivantes (facultatives) : 1 (pour chaque langue).		

Epreuves orales.

Littérature et langue française...................	5	
Histoire.....................................	4	
Géographie..................................	4	
Arithmétique.................................	4	30
Géométrie et géométrie descriptive...............	5	
Algèbre.....................................	5	
Physique et chimie............................	3	

À reporter........   50

Report....... 50

CONNAISSANCES MILITAIRES.

Instruction théorique.

Service en campagne et instruction pratique sur le service du génie en campagne.................................... 6
Service intérieur et service de place...................... 3
Règlements (manœuvres de l'infanterie, instruction de la gymnastique, instruction du tir de l'infanterie, instruction sur les revues et défilés sur le matériel de tir, transport par chemins de fer des troupes du génie)............ 9
Comptabilité de compagnie................................. 2
Topographie... 4

24

Instruction pratique.

Manœuvre d'infanterie..................................... 7
Ecole de fortification de campagne........................ 2
Ecole de ponts.. 2
Ecole de mines.. 2
Ecole de sapes.. 2
Explosifs et mise de feu.................................. 2
Pratique des connaissances contenues dans les différentes écoles (commandement d'un détachement)................. 8
Aptitude physique.. { Gymnastique............ 7 / Escrime............ 4 / Equitation............ 1

37

Note d'ensemble............ 10

TOTAL......... 121

INSTRUCTION

POUR

L'ADMISSION DANS LES ECOLES MILITAIRES D'ASPIRANTS

MODÈLES

DIRECTION

DE

RÉPUBLIQUE FRANÇAISE.

(1)

MODÈLE N° 1.

Art. 2 de l'instruction

(1) Inscrire le corps ou l'établissement.
(2) Inscrire le nom en caractères saillants et en écriture bâtarde. Ajouter le grade et l'emploi.
(3) Engagé volontaire pour   aus, à la mairie de
le   , ou jeune soldat appelé de la classe de   de la sub-division.

MÉMOIRE de proposition pour l'admission à l'École militaire de   en faveur du (2)

SIGNALEMENT.	SERVICES SUCCESSIFS CAMPAGNES, BLESSURES ET DÉCORATIONS.		
	Grades.	Corps.	Date.
Numéro du registre matricule : Nom (2) : Prénoms : Surnom : Dernier domicile : département d Profession d Fils d et d domiciliés à département d Né le à canton d département d Taille de 1 mètre millimètres. Visage Front Yeux Nez Bouche Menton Cheveux Sourcils Marques particulières : Marié le à demoiselle domiciliée à département d Nombre d'enfants :	Entré au service comme (3) Libérable du service actif le		
	Campagnes.		
	Blessures, actions d'éclat, citations, etc.		
	Décorations et médailles.		

RELEVÉ des punitions du

DATES. des PUNITIONS.	GRADE.	GENRE DE PUNITIONS ET NOMBRE DE JOURS.				PAR QUI LES PUNITIONS ont été infligées	MOTIFS des PUNITIONS.
		Consigne ou arrêts simples.	Salle de police.	Prison ou arrêts de rigueur.	Cellule.		
TOTAUX.....							
TOTAL GÉNÉRAL..							

<table>
<tr><td>

Notes du chef de corps.

Constitution :
Tenue extérieure :
Conduite et moralité :
Caractère :
Intelligence et aptitude :
Manière de servir :
Appréciation générale motivée :

</td><td rowspan="4">

NOTE
numéri-
que (1).

</td></tr>
<tr><td>

Appréciation motivée du général de brigade.

</td></tr>
<tr><td>

Appréciation motivée du général de division.

</td></tr>
<tr><td>

Appréciation motivée du général commandant le corps d'armée et, s'il y a lieu, motif de l'ajournement.

</td></tr>
</table>

(1) Note numérique de 0 à 20 résumant l'appréciation du chef de corps et des autorités hiérarchiques transmettant la proposition.

RÉSUMÉ DES SERVICES

du   au 15 octobre de l'année de la proposition.

Durée des services actifs :   ans,   mois,   jours.
Ancienneté dans les divers emplois du grade de sous-officier :   ans,   mois,   jours.
Temps passé dans l'emploi de sous-officier comptable (sergent-major ou sergent fourrier, maréchal des logis chef ou maréchal des logis fourrier) :   ans,   mois,   jours.

Majorations diverses.	NOMBRE.	NOMBRE de points.
Nombre d'années complètes de grade de sous-officier à la date du 15 octobre(1) de l'année de la proposition en excédent des deux années exigées......................		
Nombre de campagnes :		
Simples...		
Doubles...		
(Les campagnes sont décomptées en tenant compte de toute fraction égale à un mois)		
Nombre de blessures reçues à l'ennemi...............		
(Plusieurs blessures reçues dans une même affaire ne sont comptées que pour une seule.)		
Nombre de citations..................................		
Années accomplies dans l'emploi de sergent-major ou d'adjudant...... { Nombre d'années complètes au 15 octobre de l'année de la proposition................		
TOTAL des points de majoration..........		

A   , le   19 .

Le *Chef de corps,*   Le *Général de brigade,*   Le *Général de division,*

Le *Général commandant le corps d'armée,*

---

(1) Exceptionnellement, cette date sera fixée au 15 décembre pour les candidats au concours de 1915.

DIRECTION

DE

(1)

RÉPUBLIQUE FRANÇAISE.

MODÈLE N° 2.

Art. 3 de l'instruction

(1) Désigner l'arme.
(2) Indiquer l'année.
(3) Désigner le corps ou l'établissement.
(4) Indiquer l'école.

CONCOURS DE L'ANNÉE (2)

(3)

Sous-officiers proposés pour être admis à l'École (4)

NOTA. — Joindre à cet état pour chaque sous-officier : 1° l'acte de naissance; 2° un mémoire de proposition conforme au modèle n° 1; 3° un certificat d'aptitude à l'emploi de chef de section ou de peloton ; 4° une note faisant connaître si le candidat a demandé ou non à être interrogé sur une langue vivante; 5° un certificat du chef de corps attestant que le candidat aura réellement exercé à la date du 1er avril les fonctions de *sous-officier* comptable pendant quatre mois au moins; 6° la copie du carnet de notes ; 7° le certificat d'aptitude physique ; 8° pour les sous-officiers se présentant à plusieurs écoles ou divisions d'école une déclaration d'option; 9° pour les sous-officiers qui ont été proposés, les mémoires des années précédentes (art. 2 de l'instruction).

Le chef de corps aura soin d'informer le Ministre (Direction de l'arme), à mesure qu'il y aura lieu, des mutations qui entraîneraient l'annulation des propositions faites en faveur des sous-officiers. Il devra également lui faire connaître, par la voie hiérarchique, les changements d'emploi dans leur grade des sous-officiers proposés.

Si un sous-officier était l'objet de plaintes qui fussent de nature à ne pas permettre de donner suite à la proposition, le chef de corps adresserait, par la voie hiérarchique, un rapport détaillé pour provoquer sa radiation sur le tableau du concours.

Cet état doit être adressé au Ministre pour le 15 février, terme de rigueur. Il portera la mention « Ajourné » en face du nom des sous-officiers non admis à concourir et le nombre des sous-officiers admis y sera inscrit en toutes lettres. Un état néant sera établi par les corps qui n'ont point de sous-officier proposé.

NOMS ET PRÉNOMS.	GRADES et FONCTIONS.	CORPS.	DURÉE DES SERVICES effectifs au 15 oct. 19 (ans, mois, jours).	ANCIENNETÉ de grade de sous-officier (1) au 15 oct. 19 (ans, mois, jours).	OBSERVATIONS — (Indiquer si le sous-officier est rengagé.)
					(1) Exceptionnellement, l'ancienneté dans le grade de sous-officier sera décomptée au 15 décembre pour le concours de 1915.

NOMS ET PRÉNOMS.	GRADES et FONCTIONS.	CORPS	DURÉE DES SERVICES effectifs au 15 oct. 19 (ans, mois, jours.)	ANCIENNETÉ de grade de sous-officier (1) au 15 oct. 19 (ans, mois, jours).	OBSERVATIONS — (Indiquer si le sous-officier est rengagé.)
					(1) Exceptionnellement, l'ancienneté dans le grade de sous-officier sera décomptée au 15 décembre pour le concours de 1915.

A , le · 19 .

Le Chef de corps,   *Le Général commandant le corps d'armée,*

RÉPUBLIQUE FRANÇAISE.

MODÈLE N° 3.

Art. 9 de l'instruction.

DEMANDE DES IMPRIMÉS

nécessaires pour les épreuves écrites du concours d'admission
aux écoles militaires d'aspirants en 19   (1).

A. — *Désignation des centres de composition formés dans la région* (2) .	Concours de Saint-Maixent (Inf.). Concours de Saumur............ Concours de Fontainebleau (Art.).. Concours de Versailles.......... Concours de Fontainebleau (Train). Concours de Saint-Maixent (Inf. col.) (6).................. Concours de Fontainebleau (Artill. col.) (6).................
B. — *Nombre, par arme et service, des sous-officiers stationnés dans la région et se présentant à une école d'aspirants* (3)............	Infanterie............... Cavalerie................ Artillerie................ Génie.................... Train des équipages militaires.. Sections d'infirmiers.......... Sections de commis et ouvriers militaires d'administration...... Sections de secrétaires d'état-major et du recrutement......... Infanterie coloniale........... Artillerie coloniale...........
C. — *Nombre, par centre de composition, des sous-officiers stationnés dans la région et se présentant à l'École militaire du génie* (4)......	Centre de .... Centre de .... Centre de .... Centre de .... Centre de ....
D. — *Nombre des candidats ayant demandé à subir l'épreuve de langues vivantes* (5)...............	Allemand................. Anglais.................. Italien................... Espagnol................. Russe.................... Arabe....................

A   , le   19   .

Le Général commandant le corps d'armée,

---

(1) Cette demande doit être adressée, pour le 15 février au plus tard, au Ministre de la guerre (État-Major de l'Armée: 3ᵉ Bureau ; Écoles militaires).

(2) Les centres de composition formés en Corse, en Algérie, en Tunisie et au Maroc sont communs à toutes les écoles et divisions d'école (art. 18 de l'instruction).

(3) Chaque candidat se présentant à plusieurs écoles (divisions d'école) n'est compté dans ce total que pour une unité.

(4) En France, les candidats à l'École du génie sont réunis dans un centre de composition unique par région (voir les indications du tableau n° 1).

(5) Chaque candidat présentant simultanément deux langues étrangères est compté pour deux unités.

(6) Eventuellement (voir les indications du tableau n° 1 annexé à la présente instruction).

· CORPS D'ARMÉE.

REPUBLIQUE FRANÇAISE.

Modèle Nº 4.

Art. 10, 16 et 18
de l'Instruction.

CONCOURS POUR L'ADMISSION

à l'Ecole (a)

Ville d

Epreuves écrites de

- Composition française.
- Histoire.
- Géographie.
- Arithmétique.
- Géométrie.
- Algèbre.
- Dessin et géométrie descriptive.

BORDEREAU NOMINATIF *contenant les compositions des candidats prenant part au concours.*

NOMS ET PRÉNOMS des candidats.	GRADE.	CORPS.	SIGNATURE des CANDIDATS.	COMPOSITIONS REMISES							OBSERVATIONS. (b)
				Composition française.	Histoire.	Géographie.	Arithmétique.	Géométrie.	Algèbre.	Dessin et géométrie descriptive.	
1	2	3	4	5	6	7	8	9	10	11	12
Nombres totaux des compositions contenues dans le dossier.....											

A   , le   19   .

Les Officiers surveillants,

N. B. — Les indications des colonnes 1, 2 et 3 sont remplies par les soins du corps d'armée, qui mentionne également à la colonne « Observations » les sous-officiers candidats à d'autres écoles, comme il est dit ci-dessous (b).

(a) Ecole militaire d'infanterie (division de l'infanterie métropolitaine)
ou Ecole d'application de cavalerie (division des élèves officiers)
ou Ecole militaire de l'artillerie (division de l'artillerie métropolitaine)
ou Ecole militaire de l'artillerie (division du train des équipages militaires)
ou Ecole militaire du génie
ou Ecole militaire d'infanterie (division de l'infanterie coloniale)
ou Ecole militaire de l'artillerie (division de l'artillerie coloniale).
(b) Signaler dans cette colonne :
1º Les sous-officiers qui sont candidats à une autre école (ou division d'école) en même temps qu'à celle désignée sur le titre;
2º Les compositions non remises pour une cause quelconque;
3º Toutes les autres observations utiles.

• CORPS D'ARMÉE.

RÉPUBLIQUE FRANÇAISE.

CONCOURS POUR L'ADMISSION
à l'Ecole (a)

Modèle n° 4 *bis.*

Art. 10, 17 et 18
de l'instruction.

Ville d

Épreuves écrites de langues vivantes.

BORDEREAU NOMINATIF contenant les compositions des candidats prenant part au concours.

NOMS ET PRÉNOMS des candidats.	GRADE	CORPS	SIGNATURE des CANDIDATS.	COMPOSITIONS REMISES						OBSERVA-TIONS. (b).
				Allemand.	Anglais.	Italien.	Espagnol.	Russe.	Arabe.	
1	2	3	4	5	6	7	8	9	10	11
Nombres totaux des compositions contenues dans le dossier......										

À , le 19 .

Les Officiers surveillants,

N. B. — Les indications des colonnes 1, 2 et 3 sont remplies par les soins du corps d'armée, qui mentionne également à la colonne « Observations » les sous-officiers candidats à d'autres écoles, comme il est dit ci-dessous (b).

(a) Ecole militaire d'infanterie (division de l'infanterie métropolitaine)
ou Ecole d'application de cavalerie (division des élèves officiers)
ou Ecole militaire de l'artillerie (division de l'artillerie métropolitaine)
ou Ecole militaire de l'artillerie (division du train des équipages militaires)
ou Ecole militaire du génie
ou Ecole militaire d'infanterie (division de l'infanterie coloniale)
ou Ecole militaire de l'artillerie (division de l'artillerie coloniale).
(b) Signaler dans cette colonne :
1° Les sous-officiers qui sont candidats à une autre école (ou division d'école) en même temps qu'à celle désignée sur le titre;
2° Les compositions non remises pour une cause quelconque;
3° Toutes les autres observations utiles.

CONCOURS POUR L'ADMISSION

AUX ÉCOLES MILITAIRES D'ASPIRANTS EN 19

MODÈLE N° 5.

—

VILLE D

COMPOSITION de

Visa de l'officier délégué
pour la surveillance de
la séance :

Nom et prénoms du candidat :
Grade et corps de troupe :
Établissement ou service dont il fait partie :

(1) Il est expressément recommandé de ne signer nulle autre part que ci-dessus.

(2) Le candidat doit biffer les écoles désignées ci-contre, sauf celle ou celles à laquelle ou auxquelles il se présente.

Écoles ou divisions d'école auxquelles le candidat se présente (2)............

Ecole militaire d'infanterie (division de l'infanterie métropolitaine).
Ecole d'application de cavalerie (division des élèves officiers).
Ecole militaire de l'artillerie (division de l'artillerie métropolitaine).
Ecole militaire de l'artillerie (division du train des équipages militaires).
Ecole militaire du génie.
Ecole militaire d'infanterie (division de l'infanterie coloniale).
Ecole militaire de l'artillerie (division de l'artillerie coloniale).

COMPOSITION de

(1) Le candidat doit biffer les écoles désignées ci-contre, sauf celle ou celles à laquelle ou auxquelles il se présente.

Écoles ou divisions d'école auxquelles le candidat se présente (1)............

Ecole militaire d'infanterie (division de l'infanterie métropolitaine).
Ecole d'application de cavalerie (division des élèves officiers).
Ecole militaire de l'artillerie (division de l'artillerie métropolitaine).
Ecole militaire de l'artillerie (division du train des équipages militaires).
Ecole militaire du génie.
Ecole militaire d'infanterie (division de l'infanterie coloniale).
Ecole militaire de l'artillerie (division de l'artillerie coloniale).

Ne rien écrire sur ces lignes

<table>
<tr><td>

MINISTÈRE
DE LA GUERRE.

JURY D'EXAMEN

MILITAIRE

d'admission à l'Ecole (1).

</td><td>

RÉPUBLIQUE FRANÇAISE.

</td><td>

MODÈLE Nº 6.

Art. 21
de l'Instruction.

</td></tr>
</table>

CONCOURS POUR L'ADMISSION
AUX ÉCOLES MILITAIRES D'ASPIRANTS EN 19 .

ÉTAT récapitulatif des sous-officiers d (2)
se présentant à l'Ecole (3)

NOMS ET PRÉNOMS des CANDIDATS.	GRADE.	CORPS.	NUMÉRO D'INS- CRIPTION.	OBSERVATIONS.

A Paris, le 19 .

Le Président du jury d'examen militaire d'admission
à l'Ecole (1).

(1) Ecole d'application de cavalerie (division des élèves officiers) ou Ecole militaire de l'artillerie (division de l'artillerie) ou Ecole militaire du génie.
(2) Infanterie, cavalerie, artillerie ou génie.
(3) Ecole militaire d'infanterie (division de l'infanterie métropolitaine) ou Ecole militaire de l'artillerie (division de l'artillerie) ou Ecole militaire de l'artillerie (division du train).

Ecoles d'Aspirants. 3

<table>
<tr><td>

**MINISTÈRE
DE LA GUERRE.**

JURY D'EXAMEN
MILITAIRE
d'admission à l'Ecole (1).

</td><td>

RÉPUBLIQUE FRANÇAISE.

</td><td>

MODÈLE Nº 7.

Art. 22 et 27
de l'instruction.

</td></tr>
</table>

CONCOURS POUR L'ADMISSION
AUX ÉCOLES MILITAIRES D'ASPIRANTS EN 19

ÉTAT, par numéros d'inscription, des notes données aux compositions écrites des sous-officiers d (2) se présentant à l'Ecole (3)

Nº d'inscription des candidats (4)	Composition française.	Histoire.	Géographie.	Arithmétique.	Géométrie.	Algèbre.	Géométrie descriptive et dessin.	LANGUES VIVANTES.					
								Allemand.	Anglais.	Italien.	Espagnol.	Russe.	Arabe.

CERTIFIÉ conforme aux notes données par les correcteurs.

A Paris, le   19

Le Président du jury d'examen militaire de l'Ecole (1)

---

(1) Ecole d'application de cavalerie (division des élèves officiers) ou Ecole militaire de l'artillerie (division de l'artillerie) ou Ecole militaire du génie.

(2) Infanterie, cavalerie, artillerie, génie.

(3) Ecole militaire d'infanterie (division de l'infanterie métropolitaine) ou Ecole militaire de l'artillerie (division de l'artillerie) ou Ecole militaire de l'artillerie (division du train).

(4) Il est interdit de porter dans cette colonne aucune autre mention que les numéros d'inscription portés sur les compositions (art. 22 de l'instruction).

JURY D'EXAMEN
de
CONNAISSANCES GÉNÉRALES.

MODÈLE N° 8.

Art. 47 de l'Instruction.

RÉPUBLIQUE FRANÇAISE.

CONCOURS POUR L'ADMISSION

A L'ÉCOLE DE (1)   EN 19

EXAMENS ORAUX.

ÉTAT nominatif indiquant le résultat des épreuves de connaissances générales.

CENTRE D'EXAMEN

A   , le   19   .

Les Membres du jury d'examen :

Le Chef de bataillon   *Le Chef de bataillon*   *Le Chef de bataillon*
(ou d'escadron).   (ou d'escadron),   (ou d'escadron),

Le Chef de bataillon   *Le Colonel, Président*
(ou d'escadron)   (ou lieutenant-colonel),

N. B. — Les sous-officiers candidats sont inscrits sur cet état d'après le tour d'examen qui leur a été assigné (art. 40 de l'Instruction).

---

(1) Ecole militaire d'infanterie (division de l'infanterie métropolitaine)
ou Ecole d'application de cavalerie (division des élèves officiers)
ou Ecole militaire de l'artillerie (division de l'artillerie métropolitaine)
ou Ecole militaire de l'artillerie (division du train des équipages militaires)
ou Ecole militaire du génie
ou Ecole militaire d'infanterie (division de l'infanterie coloniale)
ou Ecole militaire de l'artillerie (division de l'artillerie coloniale).

ORDRE de PASSAGE.	NOMS et PRÉNOMS des candidats.	GRADE et EMPLOI.	CORPS de TROUPES.	NOTES OBTENUES EN								OBSERVATIONS.
				littérature.	histoire.	géographie.	arithmétique.	géométrie.	algèbre.	physique et chimie.	Géométrie et géométrie descriptive (candidats à l'École du génie).	

JURY D'EXAMEN
D'INSTRUCTION MILITAIRE

MODÈLE N° 9.
Art. 56 de l'Instruction.

RÉPUBLIQUE FRANÇAISE.

CONCOURS POUR L'ADMISSION

A L'ÉCOLE DE[1]   EN 19

EXAMENS ORAUX.

*ÉTAT nominatif indiquant le résultat des examens
d'instruction militaire.*

CENTRE D'EXAMEN

, le   19

Les Membres du jury d'examen :

Le Chef de bataillon
(ou d'escadron),

Le Chef de bataillon
(ou d'escadron),

Le Chef de bataillon
(ou d'escadron),

Le Colonel, Président
(ou lieutenant-colonel),

N. B. — Les sous-officiers sont inscrits dans l'ordre où ils ont subi
les épreuves d'instruction militaire.

Les notes à inscrire sur le présent état sont les notes définitives résultant de l'application de l'article 55 de l'instruction.

(1) Ecole militaire d'infanterie (division de l'infanterie métropolitaine)
ou Ecole d'application de cavalerie (division des élèves officiers)
ou Ecole militaire de l'artillerie (division de l'artillerie)
ou Ecole militaire de l'artillerie (division du train des équipages militaires)
ou Ecole militaire du génie
ou Ecole militaire d'infanterie (division de l'infanterie coloniale)
ou Ecole militaire de l'artillerie (division de l'artillerie coloniale).

ORDRE de PASSAGE.	NOMS ET PRÉNOMS des candidats.	EMPLOI.	CORPS de TROUPE.	INSTRUCTION THÉO[RIQUE.]											INSTRUCTION PRATIQUE.													COTE D'ENSEMBLE.		TOTAL des points obtenus.	OBSERVATIONS.
				Service en campagne.		Service intérieur et service de place.		Instruction du tir.		Comptabilité.		Physiologie.		Ecole du soldat.		Ecole de section.		Gymnastique.		Escrime.									
				Notes.	Points.	Notes.	Points.	Notes.	Points.	Notes.	Points.	Notes.	Points.	Notes.	Points.	Notes.	Points.	Notes.	Points.	Notes.	Points.	Notes.	Points.		

N.-B. — Le modèle ci-dessus se rapporte au concours d'admission à l'École militaire d'infanterie (division de l'infanterie métropolitaine). Le modèle correspondant afférent à chacun des autres concours sera établi d'après les mêmes principes.

ANNEXE N° 1.

Programmes.

COMPOSITION FRANÇAISE.
Composition. — Littérature.

COMPOSITION FRANÇAISE.

Principes généraux de la composition.

Exercices variés de composition française : lettres, récits et narrations, descriptions, rédactions et comptes-rendus.

LITTÉRATURE.

a) Notions succinctes sur l'histoire de la littérature française du XVIIe au XIXe siècle.

Notions très sommaires sur la littérature étrangère.

b) Liste des auteurs à faire lire et à commenter :

Recueil de morceaux choisis de prose et de vers du XVIIe au XIXe siècle.

Corneille)
Racine   { Théâtre choisi.
Molière   )
La Fontaine. — Fables.
Mme de Sévigné. — Lettres.
Voltaire. — Extraits des œuvres historiques (Charles XII).
J.-J. Rousseau. — Extraits.
Chefs d'œuvre poétiques de Lamartine et de Victor-Hugo.
Extraits des principaux historiens du XIXe siècle.

Quelques traductions de chefs-d'œuvre étrangers :
Don-Quichotte (extraits). — Gulliver (extraits).
Choix de poésies allemandes (Gœthe et Schiller).

HISTOIRE

1re partie. — Histoire de France de 1610 à 1789 (exigée à l'oral seulement). — Résumé très succinct.

II° partie. — La France de 1789 à nos jours.

Etude complète, sans entrer cependant dans le détail des opérations militaires, exigée aux *examens écrits et oraux*.

a) *La Révolution française.*

Causes générales de la Révolution française : état politique, social et économique de la France. — Les cahiers de doléances.

Les Etats généraux et l'Assemblée constituante : les grandes journées révolutionnaires.

Les réformes de l'Assemblée constituante : la Constitution de 1701; clôture de la Constituante.

L'Assemblée législative : les Girondins et les Jacobins.

Journée du 10 août 1702.

Les Etats européens et la Révolution française : déclaration de guerre, les volontaires. — Invasion prussienne : Valmy. — Clôture de la Législative.

b) *Le régime républicain.*

La Convention : établissement de la République. — Procès et mort de Louis XVI. — Girondins et Montagnards. — La Terreur. — L'insurrection royaliste. — La guerre de Vendée.

Les guerres de la Convention. — L'œuvre de Carnot. — Les traités de Bâle.

L'œuvre législative de la Convention : la Constitution de l'an III. — Clôture de la Convention.

Le Directoire : les difficultés intérieures et les coups d'Etat. — Les guerres du Directoire. — Campagnes de 1706-1797. — Traité de Campo-Formio. — L'expédition d'Egypte. — La seconde coalition, campagne de 1700.

Situation générale à la fin du Directoire.

c) *Le régime napoléonien.*

Le Consulat. — La Constitution de l'an VIII.

Réformes du Consulat. — Les guerres du Consulat. — Campagne de 1800. — Traités de Lunéville et d'Amiens.

Etablissement de l'Empire. — La cour et la noblesse impériale.

— Politique extérieure de Napoléon. — Campagnes de 1805, 1800, 1807. — Campagne de 1800. — L'Empire en 1810.

Chute de l'Empire; ses causes, réveil des nationalités; campagne de Russie. — Soulèvement de l'Allemagne, campagne de 1813. — L'invasion, la campagne de 1814. — L'abdication de Fontainebleau. — L'île d'Elbe.

La première Restauration et les Cent-Jours. — Waterloo. — Abdication de l'Empereur. — Sainte-Hélène. — Les traités de 1815. — L'organisation territoriale de l'Europe, la Sainte-Alliance.

d) *La Restauration de la monarchie.*

La seconde Restauration. — Louis XVIII et Charles X. — La Charte. — La Terreur blanche. — Progrès des idées libérales. — La Révolution de 1830.

La Monarchie de Juillet. — Louis-Philippe. — Les partis. — La Révolution de 1848. — Proclamation de la République.

Politique extérieure de la Restauration et de la Monarchie de Juillet. — La France dans le concert européen. — Interventions en Espagne et en Grèce. — Prise d'Alger. — Indépendance de la Belgique. — La France et la question d'Orient. — Conquête de l'Algérie.

e) *La seconde République et le second Empire.*

La seconde République. — Constitution de 1848. — La Législative et la réaction. — Le prince-président et le coup d'Etat du 2 décembre 1851. — Rétablissement de l'Empire.

Le second Empire. — Constitution de 1852. — L'empire autoritaire et l'empire libéral.

La politique extérieure. — Guerre de Crimée. — Traité de Paris. — Guerre d'Italie. — Traité de Zurich. — Intervention de la France en Orient. — Guerre du Mexique.

Guerre de 1870. — Ses causes. — Les grandes batailles. — Chute de l'Empire.

f) *La troisième République.*

Le gouvernement de la Défense nationale. — Continuation de la guerre. — Siège de Paris. — Gambetta et la guerre en province. — Armée de la Loire. — Armée du Nord. — Armée de l'Est. — Capitulation de Paris. — Le traité de Francfort. — La Commune.

Efforts réalisés par la France depuis 1871. — Réorganisation militaire. — Lois constitutionnelles de 1875.

L'œuvre extérieure de la République. — Notre empire colonial.

III⁰ partie. — Résumé des grandes questions de la politique internationale au xix⁰ siècle et de nos jours (partie exigée aux *examens oraux* seulement).

1° L'unité italienne (1848-1870).

2° L'unité allemande (1848-1871).

3° La question d'Orient. — Les guerres. — Les nouveaux Etats balkaniques.

4° La transformation du Japon. — La guerre russo-japonaise.

GÉOGRAPHIE.

Ire partie. — Notions très générales sur les principaux aspects du globe (demandées aux examens *oraux* seulement).

La montagne, le plateau et la plaine. — La nature du sol et son action sur l'aspect du pays; les eaux, la végétation, les ressources, le groupement des habitants. — La mer. — Le fleuve.

Le climat. — Les zones de climat et de végétation.

La grande culture. — L'élevage et ses produits.

La mine. — L'industrie.

La grande ville. — Le port de commerce et les transports maritimes.

Le chemin de fer. — Les canaux.

IIe partie. — La France (demandée à l'*écrit* et à l'*oral*, avec des croquis très simples exécutés de mémoire).

a) GÉOGRAPHIE PHYSIQUE.

Notions très sommaires de géologie. — Formation du sol de la France.

Climat et hydrographie. — Température, vents et pluies. — Climat océanique, climat continental de l'Est, climat méditerranéen.

Les fleuves, leur alimentation et leur régime, leur utilisation Les mers et les côtes, la Corse.

b) GÉOGRAPHIE RÉGIONALE (physique et économique).

1° La plaine du Nord ;

2° La région vosgienne et lorraine ;

3° Le Bassin parisien ;

4° Le Massif armoricain ;

5° Le Massif central ;

6° Les Pyrénées et le bassin aquitain;

7° Le Midi méditerranéen ;

8° Les Alpes et la vallée du Rhône ;
9° Le Jura et la plaine de la Saône.
Places fortes françaises.

c) GÉOGRAPHIE ÉCONOMIQUE GÉNÉRALE.

Population. — Agriculture. — Industrie. — Voies de communication et commerce. -- Relations commerciales avec les principaux pays.

IIIe partie. — L'Europe moins la France (étude beaucoup moins détaillée que celle de la France, demandée à l'*oral* seulement).

Le Royaume-Uni de Grande-Bretagne et d'Irlande : Situation insulaire et conséquences. — Côtes et estuaires. — Ports et grandes villes. — Situation économique.

Le royaume des Pays-Bas : Lutte contre la mer. — Ports et grandes villes. — Elevage. — Commerce.

Le royaume de Belgique : Régions naturelles. — Agriculture, houille et industrie. — Commerce. — Le port d'Anvers. — Densité de la population.

L'empire d'Allemagne : Régions naturelles. — Les fleuves. — Population, son accroissement. — Agriculture. — Ressources minières. — Grandes régions industrielles. — Voies de communication. — Marine et ports de commerce. — Le commerce allemand dans le monde.

La Suisse : Régions naturelles. — Elevage et industrie. — Percées alpines et grandes lignes de chemins de fer internationales.

L'empire d'Autriche-Hongrie : Le Danube. — Agriculture. — Industrie. — Commerce. — Les nationalités.

La Russie d'Europe : La plaine russe. — Le climat. — Les grands fleuves. — Les zones de végétation. — La pêche. — La houille. — Les régions industrielles. — Commerce. — La population, son accroissement.

La péninsule des Balkans : Relief. — Les fleuves. — Les côtes. — Les peuples, leurs religions. — Enumération des Etats. — Chemins de fer. — Les ports.

L'Italie : Les montagnes et les plaines. — Le Pô. — Agriculture et industrie. — Les voies internationales. — Commerce. — Gênes et Naples. — Population. — L'émigration.

La Péninsule ibérique : Structure et hydrographie. — Les côtes. — Agriculture. — Richesses minières. — Régions manufacturières. — Commerce.

IVe partie. — Le monde moins l'Europe (demandée à *l'oral* seulement).

Etude très générale des parties du monde, en insistant principalement sur les intérêts qu'y ont les Etats européens.

Expansion coloniale des puissances européennes.

Colonies françaises.

La situation de la France dans le monde.

ARITHMÉTIQUE.

a) *Programme des examens écrits* (commun à toutes les écoles).

Revision des principes élémentaires de l'arithmétique.

Addition et soustraction des nombres entiers.

Multiplication des nombres entiers. — Produit d'une somme ou d'une différence par un nombre. — Produit de la somme de deux nombres par leur différence. — Produit de facteurs. — Puissances.

Division des nombres entiers.

Problèmes sur les quatre opérations.

Caractères de divisibilité par 2, 5, 9, 3. — Preuves des opérations.

Fractions et nombres fractionnaires, opérations.

Nombres décimaux. — Fractions décimales. — Opérations et problèmes.

Règle pratique pour l'extraction de la racine carrée d'un nombre entier ou décimal.

Système métrique. — Problèmes.

Nombres complexes. — Opérations.

Rapports et proportions. — Quatrième proportionnelle. — Moyenne proportionnelle. — Transformations des proportions. — Exercices.

Grandeurs directement et inversement proportionnelles. — Règles de trois.

Notions d'arithmétique commerciales. — Intérêt simple. — Escompte. — Rentes sur l'Etat.

Partages proportionnels. — Mélanges et alliages.

b) *Programme des examens oraux.*

1° Ecoles militaires de l'infanterie, de l'artillerie (division du train), d'application de la cavalerie.

(Même programme qu'aux examens écrits.)

2° Ecole militaire du génie, école militaire de l'artillerie (divisions de l'artillerie).

(Même programme qu'aux examens écrits, plus les questions suivantes) :

Définition des nombres premiers, des nombres premiers entre eux

Décomposition d'un nombre en ses facteurs premiers.

Composition du plus grand commun diviseur et du plus petit multiple commun de plusieurs nombres.

Conversion des fractions ordinaires en fractions décimales et réciproquement. (Il ne sera pas question des fractions décimales périodiques.)

GÉOMÉTRIE.

Géométrie plane (examens écrits et oraux).

Définitions. — La ligne droite. — Premières notions sur les angles.

Triangles. — Cas d'égalité des triangles. — Propriétés du triangle isocèle. — Perpendiculaires et obliques. — Cas d'égalité des triangles rectangles.

Droites parallèles. — Angles dont les côtés sont parallèles ou perpendiculaires.

Somme des angles d'un triangle, d'un polygone. — Propriétés des parallélogrammes.

Du cercle. — Dépendance mutuelle des arcs et des cordes. — Du rayon perpendiculaire à une corde. — Cercle circonscrit à un triangle.

Tangente au cercle. — Conditions de contact et d'intersection de deux cercles.

Propriété de la bissectrice d'un angle. — Cercles inscrits et exinscrits à un triangle.

Mesure des angles.

Problèmes et constructions graphiques. — Lieux géométriques fondamentaux. — Méthode de recherche des lieux géométriques. — Méthode des lieux géométriques pour la résolution des problèmes.

Tangentes à un cercle et à deux cercles.

Lignes proportionnelles. — Triangles semblables.

Relations numériques entre les lignes d'un triangle rectangle.

Relations numériques entre les lignes d'un triangle quelconque.
Sécantes et tangentes à un cercle.

Problèmes et constructions graphiques. — Partage de droites en parties proportionnelles. — Moyenne proportionnelle.

Polygones réguliers. — Carré, hexagone. — Triangle équilatéral.

Mesure de la circonférence, sans démonstration.

Les aires : rectangle, parallélogramme, triangle, losange, trapèze, polygone quelconque. — Polygones réguliers, les plus simples. — Cercle.

Théorème de Pythagore.

Lignes trigonométriques, géométrie dans l'espace (notions sommaires) (examens oraux seulement).

Définition des lignes trigonométriques. — Formules relatives aux triangles rectangles.

Du plan et de la ligne droite dans l'espace.

Droites et plans perpendiculaires. — Droites et plans parallèles.

Angles dièdres. — Définition seule des angles trièdres.

Des polyèdres. — Mesure de la surface et du volume d'un parallélipipède rectangle. — Formules sans démonstration des surfaces et volumes d'un prisme, d'une pyramide, d'un tronc de pyramide.

Corps ronds. — Formules sans démonstration des surfaces et volumes du cylindre, du cône, du tronc de cône, de la sphère.

ALGÈBRE.

a) Écoles militaires de l'infanterie, d'application de cavalerie, militaire de l'artillerie (division du train).

(Programme des connaissances exigées à l'examen *oral* seulement.)

Objet de l'algèbre. — Préliminaires. — Addition et soustraction algébriques. — Multiplication algébrique. — Règle des signes.

Multiplications remarquables. — Division des monômes.

Exercices nombreux de calcul algébrique.

Équation du premier degré à une ou plusieurs inconnues.

Résolutions des problèmes du premier degré. — Applications

aux problèmes d'arithmétique. — Interprétation des solutions négatives. — Exercices nombreux.

b) *Ecoles militaire du génie et militaire de l'artillerie (division de l'artillerie).*

(Programme des connaissances exigées aux examens *écrits* et *oraux*.)

1° Mêmes questions que ci-dessus.

2° Règle pratique de la division des polynômes. — Fractions algébriques, simplification et opérations. — Puissances et racine d'une fraction algébrique. — Introduction et calcul des nombres négatifs. — Exposants négatifs, exposants fractionnaires. — Divisibilité d'un polynôme entier en x par $x - a$. — Etude très simple de quelques formes remarquables. — Résolution, sans discussion, de l'équation du second degré à une inconnue. — Applications à des questions d'arithmétique et de géométrie. — Principales propriétés des progressions arithmétiques et géométriques. — Usage des tables de logarithmes à 4 ou 5 décimales. — Usage des tables contenant les sinus, cosinus, tangentes.

PHYSIQUE.

Notions élémentaires demandées aux examens oraux *seulement.*

Divers états de la matière. — Les solides. — Les liquides. — Les gaz.

Pesanteur. — Balances. — Comparaison des poids et des volumes. — Densités.

Hydrostatique. — Surface des liquides. — Niveaux. — Pressions exercées par les liquides. — Applications de la pression de l'eau : écluses, presse hydraulique, ascenseurs. — Principe d'Archimède. — Principe d'Archimède dans le cas des gaz. — Ballons.

Chaleur. — Dilatation des corps solides. — Applications. — Dilatation des corps liquides. — Applications. — Dilatation des gaz. — Applications.

Température. — Thermomètre à mercure. — Thermomètres divers. — Sources de chaleur. — Mesure des quantités de chaleur. — Définir la calorie et la chaleur spécifique. — Notions sommaires sur la chaleur rayonnante et la conductibilité. — Applications. — Protection contre la chaleur et le froid.

Changements d'état. — Fusion. — Dissolution. — Solidification. — Cristallisation. — Applications. — Vapeur d'eau dans l'atmosphère. — Vaporisation. — Ebullition. — Force élastique de la vapeur d'eau. — Notions élémentaires sur la machine à vapeur.

Statique des gaz. — Existence de la pression du gaz. — Pression atmosphérique. — Baromètres. — Mesures des pressions. — Manomètres. — Compressibilité des gaz. — Loi de Mariotte. — Dilatation des gaz. — Poids des gaz. — Densité des gaz. — Machine pneumatique. — Application du vide. — Pompes de compression. — Application des gaz comprimés. — Notions sur les pompes à liquides. — Siphon.

Optique. — Propagation rectiligne de la lumière. — Corps lumineux transparents, opaques. — Réflexion de la lumière. — Miroirs plans, leurs propriétés déduites de l'expérience. — Réfraction de la lumière. — Expériences simples. — Réfraction par un prisme. — Expériences simples sur les propriétés des lentilles sphériques. — Effets et usage de la loupe, du microscope, de la lunette astronomique, des jumelles. — Dispersion de la lumière. — Expériences simples.

Acoustique. — Nature du son. — Propagation. — Vitesse. — Réflexion. — Echo.

Notions très élémentaires de mécanique. — Leviers. — Treuils.

Magnétisme. — Propriétés générales des aimants. — Boussole.

Electricité. — Electricité statique. — Electricité atmosphérique, paratonnerre. — Piles. — Electrolyse, applications. — Actions réciproques d'un courant et d'un aimant. — Aimantation par les courants. — Electro-aimant. — Applications : sonneries, télégraphe. — Notions très élémentaires sur les machines d'induction. — Applications.

NOTA. — Il ne sera pas posé de problèmes de physique aux examens.

CHIMIE.

(Notions très élémentaires demandées aux examens oraux seulement.)

La matière. — Corps simples et corps composés. — Le mélange et la combinaison. — Acides, bases, corps neutres définis par les réactifs colorés.

Métalloïdes. — Métaux. — Sels.

Notation atomique. — Equations chimiques.

Air atmosphérique. — Oxygène. — Azote.

Eau. — Hydrogène.

Carbone. — Acide carbonique et oxyde de carbone, leur action sur l'économie.

Notions sur l'acide azotique. — Ammoniaque.

Phosphore. — Allumettes — Notions sur l'acide phosphorique. — Emploi des phosphates en agriculture.

Soufre. — Anhydride sulfureux, applications. — Notions sur l'acide sulfurique, applications. — Acide sulfhydrique, ses dangers.

Chlore, applications. — Acide chlorhydrique, applications.

Potasses et soudes du commerce. — Applications au blanchissage. — Azotates de potasse et de soude. — Applications, poudre noire.

Sel marin. — Sel gemme.

Chaux et mortiers. — Ciments. — Plâtre.

Verreries et poteries.

Notions très simples sur les métaux usuels : fers, fontes, aciers. — Cuivre. — Plomb. — Etain. — Zinc. — Nickel. — Aluminium. — Alliages.

Nota. — Il ne sera pas posé de problèmes de chimie aux examens.

GÉOMÉTRIE DESCRIPTIVE.

Candidats à l'École de Versailles.

I. — Méthode de projections sur deux plans (1).

a) *Problèmes relatifs au point, à la droite et au plan.*

Préliminaires. — Enoncé des théorèmes de géométrie élémentaire sur lesquels est fondée la méthode des projections. — Représentation du point. — Différentes positions d'un point par rapport au plan de projection. — Représentation de la droite. — Différentes positions d'une droite. — Projection de droites pa-

---

(1) On s'appliquera à remplacer le plus possible les démonstrations raisonnées par des démonstrations parlantes, en s'aidant de plans de projection en bois, ainsi que des règles, planchettes et fil à plomb nécessaires

rallèles. — Projection de l'angle de deux droites. — Représentation du plan. — Différentes positions des traces d'un plan.

Une ligne perpendiculaire à un plan a ses projections perpendiculaires aux traces du plan. — Comment on reconnaît qu'une droite est située dans un plan. — Comment on reconnaît que deux droites sont dans un même plan et se coupent.

Problèmes. — Les traces d'une droite étant données, trouver ses projections et réciproquement.

Par un point donné dans l'espace, mener une droite parallèle à une droite donnée et trouver la vraie grandeur d'une partie de cette droite.

Par un point donné, mener un plan parallèle à un plan donné.

Construire le plan qui passe par trois points donnés dans l'espace.

Rabattement sur un des plans de projection d'un point ou d'une droite autour d'une autre droite située dans ce plan.

Deux plans étant donnés, trouver les projections de leur intersection.

Une droite et un plan étant donnés, trouver les projections du point où la droite rencontre le plan.

Un plan étant donné, trouver les angles qu'il forme avec les plans de projection.

Deux plans étant donnés, construire l'angle qu'ils forment entre eux.

Deux droites qui se coupent étant données, construire l'angle qu'elles font entre elles.

Construire l'angle formé par une droite et par un plan donnés de position dans l'espace.

b) *Problèmes relatifs aux surfaces cylindriques et coniques.*

Préliminaires. — Définition de la surface cylindrique, conique, plans tangents au cylindre, au cône.

Problèmes. — Mener un plan tangent à une surface cylindrique ou à une surface conique :

1° Par un point pris sur la surface;
2° Par un point pris hors de la surface;
3° Parallèlement à une droite donnée.

Construire la section faite sur la surface d'un cylindre droit et vertical par un plan perpendiculaire à l'un des plans de projection.

Construire l'intersection d'un cône droit par un plan perpendiculaire à l'un des plans de projection.

c) *Problèmes relatifs aux ombres.*

Ombres d'un point, d'une droite, d'un polygône.
Trouver l'ombre portée par une cheminée sur un toit en talus, donné par sa trace horizontale et sa pente.

II. — Méthode des projections cotées.

d) *Problèmes sur les droites et les plans.*

Préliminaires. — Caractères distinctifs des plans cotés. — Cas où leur emploi est indispensable. — Plan de comparaison, sa situation. — Représentation du point. — Points différents ayant la même projection.

Manière de représenter une droite. — Cas où la droite est horizontale, verticale.

Manière de représenter les plans. — Horizontales équidistantes, échelle de pente. — Circonstances dans lesquelles on emploie l'une ou l'autre de ces méthodes. — Plans horizontaux et verticaux.

Problèmes. — Une droite étant donnée par sa projection et les cotes de deux de ses points, trouver : 1° la cote d'un autre point de cette droite dont on donne la projection; 2° la projection d'un point de cette droite dont on donne la cote; 3° les projections des points de cette droite cotés en nombres ronds; 4° l'inclinaison de la droite avec l'horizon.

Etant donnée une droite par sa projection, la cote d'un de ses points et son inclinaison, trouver les points de cette droite cotés en nombres ronds.

Mener par un point donné une parallèle à une droite donnée.

Un plan étant donné, trouver la cote d'un de ses points dont on connaît la projection et réciproquement.

Trouver l'échelle de pente d'un plan dont on connaît trois points. — Même problème, lorsque le plan est donné par deux points et son inclinaison à l'horizon, ou par un point, l'inclinaison du plan à l'horizon et la direction des horizontales.

Par un point donné, tracer sur un plan une droite d'une inclinaison donnée.

Trouver l'intersection de deux plans. — Caractère des arêtes et gouttières.

Trouver l'intersection d'une droite et d'un plan.

Par un point donné, mener une parallèle à un autre plan.

Par deux droites données non parallèles et qui ne se coupent pas, faire passer deux plans parallèles entre eux.

e) *Problèmes sur les surfaces courbes.*

Préliminaires. — Manière de représenter les surfaces courbes. — Courbes horizontales équidistantes. — Génération de la surface dans le cas d'un terrain. — Ligne de plus grande pente.

Problèmes. — Une surface courbe étant donnée par ses horizontales, trouver la cote d'un point dont on connaît la projection. Réciproquement, trouver l'intersection d'un plan et d'une surface.

Tracer, à partir d'un point donné sur une surface connue par ses horizontales, une courbe d'une inclinaison constante et donnée avec le plan horizontal.

Trouver l'intersection de deux surfaces; d'une droite et d'une surface.

Par un point donné sur une surface, mener un plan tangent à cette surface. — Cas dans lequel le plan est supérieur ou inférieur ou en partie supérieur et en partie inférieur à la surface.

Par une droite donnée, faire passer un plan tangent à une surface. — Cas où la droite donnée est horizontale.

Mener un plan tangent à une surface par un point donné pris hors de cette surface.

Exercices graphiques.

DESSIN.

Dessin d'ornement. — Dessin linéaire, comprenant : des croquis à main levée, des épures de géométrie descriptive, des croquis relatifs aux travaux, des dessins de fortification, de bâtiment, de topographie.

TOPOGRAPHIE ET LEVERS.

Définitions. — Opérations essentielles de tout lever. — Principe fondamental de la planimétrie. — Échelles.

Instruments en usage pour mesurer les distances. — Chaînes,

règles divisées, fil à plomb, niveau de maçon. — Méthodes à suivre pour mesurer, à l'aide de ces instruments, les distances, soit horizontales, soit verticales.

Marche générale à suivre dans l'exécution d'un lever topographique. — Du polygone, du canevas. — Comment on fait un lever. — Méthode par la décomposition des polygones en triangles; par intersections; par cheminement.

Lever au mètre, au mètre et à l'équerre d'arpenteur. — Arpentage.

Lever à la planchette. — Description et usage de cet instrument. — Lever à la planchette par la méthode des cheminements, des intersections. — Etablissement de la base. — Avantages et applications diverses de la planchette; tracé de la méridienne par la méthode des ombres légales. — Lever de reconnaissance.

Lever à la boussole. — Description et usage de cet instrument. — Registre des opérations sur le terrain. — Opérations graphiques. — Orientation des dessins.

Lever de bâtiment. — Plans, coupes, élévations, profils. — Convention adoptées. — Dessins généraux et de détails. — Instruments en usage. — Croquis cotés. — Opérations du lever proprement dit. — Méthode d'exécution des dessins définitifs.

Nivellement. — Surfaces de niveau. — Surfaces de comparaison. — Altitudes. — Sondes. — Niveau apparent. — Plan de comparaison. — Niveau de maçon. — Niveau à bulle d'air. — Niveau d'eau. — Niveau collimateur. — A quoi se réduit le problème du nivellement. — Registre des opérations, leur vérification. — Repères. — Nivellement des détails.

Suite du nivellement. — Nivellement par profils, par courbes horizontales. — Détermination des coupes horizontales au moyen de profils. — Nivellement des terrains plats. — Attachement des déblais.

Exercices pratiques sur l'application des méthodes et l'usage des instruments.

Exercices sur le terrain.

Représentation des formes du terrain. — Cartes topographiques.

Lecture de la carte de l'état-major.

Levers à vue. — Reconnaissances militaires.

Exercices sur le terrain.

2° Dispositions diverses.

Circulaire au sujet de l'admission dans des conditions spéciales aux écoles d'aspirants des sous-officiers faisant partie des troupes en opération.

Paris, le 26 juin 1914.

Les sous-officiers participant à des opérations de guerre qui se seront fait particulièrement remarquer par leur manière de servir ou par des actions d'éclat pourront être proposés par leurs chefs hiérarchiques pour être admis à passer les examens oraux d'admission aux écoles d'aspirants sans avoir été préalablement déclarés admissibles.

Les dossiers de proposition devront parvenir au Ministre sous le timbre de la direction intéressée, le 1er juin au plus tard. Ils comprendront obligatoirement, en outre des pièces prévues à l'article 2 des instructions du 22 novembre 1913 ou du 23 novembre 1913, un rapport détaillé du chef de corps, sur la manière de servir, les qualités morales et physiques, l'aptitude au commandement, la tenue et l'éducation de chacun des sous-officiers proposés, ainsi que le temps passé effectivement en colonne par les intéressés, depuis le 1er octobre de l'année précédente.

Ce rapport sera suivi de l'appréciation motivée des chefs hiérarchiques.

Le Ministre se réserve de statuer sur chaque cas particulier.

Les sous-officiers dont la candidature aura été retenue seront convoqués, en temps utile, dans un centre d'examen oral de connaissances générales par application des dispositions des instructions précitées.

Le jury d'examen établira un procès-verbal des examens de connaissances générales, subis par chaque sous-officier, qui sera transmis au Ministre (Etat-Major de l'Armée; 3e Bureau; Ecoles militaires).

Le Ministre décidera, sur le vu de ce procès-verbal, s'il y a lieu d'admettre définitivement le sous-officier à l'école militaire de son arme.

———

Circulaire relative à l'ancienneté exigée des sous-officiers candidats aux écoles militaires aux concours de 1915.

Paris, le 11 octobre 1913.

Les sous-officiers qui seront promus après la libération de la classe 1910 auraient pu, normalement, escompter leur nomination avant le 15 octobre 1913 et poser leur candidature pour les concours d'admission de 1915 aux écoles de sous-officiers élèves officiers et à l'École d'administration militaire de Vincennes.

Le Ministre a décidé qu'en raison du maintien de la classe 1910 jusqu'au mois de novembre et en vue de ne pas léser les candidats aux écoles qui auraient subi, de ce fait, un retard dans leur nomination, les deux années de grade de sous-officier seront, pour le concours de 1915, exigées à la date du 1ᵉʳ décembre au lieu du 15 octobre, par modification aux dispositions de l'article 1° de l'instruction du 6 janvier 1910.

La circulaire n° 5.558 1/11 du 14 août a prévu que, dans chaque corps de troupe, la totalité des gradés pourra être rengagée. Les chefs de corps observeront que cette disposition a un caractère facultatif et non obligatoire; ils devront donc réserver aux militaires sous leurs ordres, futurs candidats aux écoles, et offrant de sérieuses garanties, les places de sous-officier non rengagé nécessaires pour assurer le recrutement des écoles militaires des diverses armes.

Circulaire relative aux concours d'admission en 1914 aux Écoles militaires d'aspirants et à l'École d'administration militaire.

Paris, le 22 décembre 1913.

Une instruction pour l'admission dans les Écoles militaires d'aspirants et une instruction pour l'admission à l'École d'administration militaire, qui annulent les instructions des 6 janvier et 14 février 1910, ont été approuvées à la date du 22 novembre 1913.

Ces deux instructions seront publiées au *B. O.*, P. P.

Comme elles prévoient d'une manière ferme les dates auxquelles auront lieu chaque année les épreuves d'admission, il ne sera pas publié, à l'avenir, de circulaire annuelle au sujet de l'exécution des épreuves du concours d'admission.

Les sous-lieutenants de réserve qui ont l'intention de prendre part au concours de 1914 n'auront pas à justifier de l'accomplissement du stage de sous-officier comptable; ils devront, pour se présenter, donner la démission de leur grade et rengager comme sous-officiers.

Le temps de service accompli comme sous-lieutenant de réserve au delà du service légal pourra entrer dans le décompte des deux années de grade de sous-officier exigées des candidats dans la limite des trois mois prévus par la décision du 8 septembre dernier (1).

En 1914, les compositions écrites seront exécutées dans les conditions suivantes :

I. — Écoles militaires d'aspirants.

Le mercredi 8 avril.

Matin. — Composition française (3 heures).
Soir. — Composition de géométrie (2 heures).

Le jeudi 9 avril.

Matin. — Composition d'histoire (2 heures).
Soir. — Composition de géographie (2 heures).

Le vendredi 10 avril.

Matin. — Composition d'arithmétique (2 heures).
Soir. — Composition sur les diverses langues vivantes (2) (1 h. 1/2 pour chaque composition).

Le samedi 11 avril.

Matin. — Composition d'algèbre (2 heures) pour les candidats à l'École militaire de l'artillerie (division de l'artillerie et de l'artillerie coloniale) et pour les candidats à l'École militaire du génie.
Soir. — Composition de dessin et de géométrie descriptive (4 heures) pour les candidats à l'École de Versailles.

Les épreuves orales d'admission commenceront par les centres d'examen de Paris et de Versailles.

---

(1) Aux termes du décret du 2 janvier 1913, les officiers de réserve servant au Maroc au delà du service légal bénéficient d'une majoration d'ancienneté de service dans le grade de sous-officier égale au temps passé au Maroc dans le grade de sous-lieutenant de réserve.

(2) Les candidats qui présentent deux langues vivantes exécutent leurs deux compositions sur deux feuilles distinctes et sans désemparer.

II. — ÉCOLE D'ADMINISTRATION MILITAIRE.

Sections **A** et **D**.

Le mardi 12 mai.

Matin. — Composition française (3 heures).

Soir. — Composition d'arithmétique et de géométrie (4 heures).

Le mercredi 13 mai.

Matin. { Composition d'histoire (2 heures).
{ Composition de géographie (2 heures).

Soir. — Compositions de langues vivantes (1) (1 h. 1/2 pour chaque composition).

Les concours d'admission aux sections « A » et « D », bien qu'ayant lieu aux mêmes dates, et comportant les mêmes compositions, seront organisés d'une manière absolument distincte l'un de l'autre.

Section **B** (comptables).

Le vendredi 15 mai.

Matin. — Composition française (3 heures).

Soir. — Composition d'arithmétique et de géométrie (4 heures).

Le samedi 16 mai.

Matin. — Composition de dessin linéaire (4 heures).

Soir. { Dictée (1/4 d'heure pour relire).
{ Composition sur les diverses langues vivantes (1)
{ (1 h. 1/2 pour chaque composition).

Section **B** (artificiers et ouvriers).

Le mardi 19 mai.

Matin. — Composition française (3 heures).

Soir. — Composition d'arithmétique et de géométrie (4 heures).

---

(1) Les candidats qui présentent deux langues vivantes exécutent leurs deux compositions sur deux feuilles distinctes et sans désemparer.

Le mercredi 20 mai.

Matin. — Composition de dessin linéaire (4 heures).

Soir } Dictée (1/4 d'heure pour relire).
Composition sur les diverses langues vivantes **(1)**
(1 h. 1/2 pour chaque composition).

Section C.

Le vendredi 22 mai.

Matin. — Composition française (3 heures).
Soir. — Composition d'arithmétique et d'algèbre; composition de géométrie et de topographie (ensemble 4 heures).

Le samedi 23 mai.

Matin. — Dessin linéaire (4 heures).

Soir } Dictée (1/4 d'heure pour relire).
Composition sur les diverses langues vivantes **(1)**
(1 h. 1/2 pour chaque composition).

III. — DISPOSITIONS COMMUNES A TOUS LES CONCOURS.

Les séances commenceront :

En France : à 8 heures et à 14 heures pour les candidats aux Ecoles militaires d'aspirants; à 7 heures et à 13 h. 30 pour les candidats à l'Ecole d'administration militaire;

En Algérie, en Tunisie et au Maroc, aux heures fixées respectivement par le général commandant le 19ᵉ corps d'armée, le général commandant la division d'occupation de Tunisie, le commissaire résident général de France au Maroc commandant en chef, le général commandant les troupes d'occupation du Maroc oriental;

En Indo-Chine, en Afrique orientale, en Afrique occidentale et en Afrique équatoriale, les compositions auront lieu aux heures fixées respectivement par les commandants supérieurs des troupes stationnées dans ces colonies.

Le commissaire résident général de France au Maroc, commandant en chef, et le général commandant les troupes d'occu-

---

(1) Les candidats qui présentent deux langues vivantes exécutent leurs deux compositions sur deux feuilles distinctes et sans désemparer.

pation du Maroc oriental détermineront le nombre de centres de composition à organiser pour les sous-officiers des troupes placées sous leur commandement direct.

Les gouverneurs militaires de Paris et de Lyon, les généraux commandants de corps d'armée, le général commandant la division d'occupation de Tunisie, le commissaire résident général de France au Maroc, commandant en chef, le général commandant les troupes du Maroc oriental, les commandants supérieurs en Indo-Chine, en Afrique orientale, en Afrique occidentale et en Afrique équatoriale devront prendre, chacun en ce qui le concerne, les mesures nécessaires pour l'exécution des dispositions qui précèdent, ainsi que celles qui leur incombent aux termes des instructions du 22 novembre 1913 pour l'exécution des compositions afférentes aux Écoles militaires d'aspirants, et du 23 novembre 1913 pour l'exécution des compositions afférentes à l'Ecole d'administration militaire. Il importe, notamment, que, par le service de surveillance que ces autorités militaires ont à organiser, la discipline la plus rigoureuse soit assurée pendant les séances de composition.

Les officiers désignés pour dicter les compositions de dictée devront avoir une prononciation claire et nette.

Les sujets de composition et les imprimés nécessaires seront adressés en temps opportun aux autorités visées plus haut.

SIMPLIFICATION DE LA SYNTAXE

Circulaire relative à la simplification de la syntaxe.

(Cabinet du Ministre ; Correspondance générale.)

Paris, le 15 mars 1901.

Dans les examens ou concours dépendant du ministère de la guerre qui comportent des épreuves spéciales d'orthographe, il ne sera pas compté de fautes aux candidats pour avoir usé des tolérances indiquées dans la liste annexée à l'arrêté de M. le Ministre de l'instruction publique et des beaux-arts, en date du 26 février 1901.

La même disposition est applicable au jugement des diverses compositions rédigées en langue française dans les examens ou concours dépendant du ministère de la guerre qui ne comportent pas une épreuve spéciale d'orthographe.

Le caractère de cette réforme est indiqué dans la circulaire du 28 février 1901, par laquelle M. le Ministre de l'instruction publique et des beaux-arts adresse aux recteurs d'Académie l'arrêté susvisé.

Cette circulaire, l'arrêté du 26 février 1901 et la liste qui y est annexée sont publiés ci-après.

*Circulaire et arrêté relatifs à la simplification de la syntaxe,
adressée par le Ministre de l'instruction publique et des
beaux-arts aux recteurs.*

Paris, le 28 février 1901.

Monsieur le Recteur,

A la date du 31 juillet dernier, j'ai pris un arrêté relatif
à la simplification de la syntaxe française.

J'ai cru devoir, toutefois, avant d'en prescrire la mise en
vigueur, attendre l'avis que j'avais sollicité de l'Académie
française.

J'estime, en effet, qu'une réforme portant sur une matière
aussi délicate doit s'appuyer sur la double autorité du Conseil
supérieur de l'Instruction publique, qui arrête les programmes des cours d'études et fixe la règle des examens des divers
ordres d'enseignement, et de l'Académie française, dont « la
mission traditionnelle est de travailler à épurer et à fixer la
langue, à en éclaircir les difficultés et à en maintenir les
caractères et les principes ».

L'Académie française a bien voulu me faire connaître les
observations de la commission spéciale qu'elle avait chargée
d'examiner les projets de réforme dont je lui avais donné communication, l'arrêté du 31 juillet et les documents qui y étaient
annexés.

J'ai constaté que le principe de la réforme ne soulevait
aucune objection et que, si des divergences existaient sur certains points entre les propositions du Conseil supérieur de
l'Instruction publique et le sentiment de l'Académie française,
il y avait communauté de vues dans un grand nombre de cas
où les difficultés grammaticales peuvent être simplifiées.

Dans ces conditions, j'ai décidé de rendre exécutoires les
réformes sur lesquelles l'accord s'est établi entre le Conseil
supérieur et l'Académie.

Tel est l'objet du nouvel arrêté que j'ai pris à la date du
26 février, et dont je vous envoie ci-joint un certain nombre
d'exemplaires.

Il me paraît utile d'insister sur le caractère de la réforme
qu'il consacre. Il importe, en effet, que les professeurs, instituteurs et membres des jurys d'examen, qui auront à tenir
compte de ces prescriptions, sachent qu'il ne s'agit nullement
de supprimer certaines règles fondamentales de notre syntaxe.

La réforme vise simplement à rendre plus clair et plus
facile, pour les enfants et pour les étrangers, l'enseignement
élémentaire de la langue française, en le débarrassant de
complications inutiles.

Déjà, en 1891, un de mes honorables prédécesseurs s'élevait contre l'abus des épreuves grammaticales et déplorait le temps consacré dans les écoles primaires elles-mêmes à étudier des règles souvent controversées par les lexicographes les plus renommés et qui ne touchent ni au caractère ni aux principes essentiels de la langue.

Je vous signale, à ce propos, l'emploi que l'on fait encore dans certaines écoles de dictées qui ne sont en général qu'une suite de phrases vides de sens et dans lesquelles sont accumulés à plaisir les bizarreries et les pièges orthographiques.

Ces exercices ne présentent aucun intérêt. Vous voudrez bien inviter nos maîtres à y renoncer. Le texte des dictées ne doit pas être artificiellement composé. Il doit être emprunté à nos meilleurs auteurs, afin que les élèves reçoivent en même temps une leçon de grammaire et une leçon de goût.

La Commission du Conseil supérieur a signalé « les règles subtiles, parfois fausses, qui encombrent l'enseignement élémentaire et qui ne servent à rien, ni pour la lecture des textes, ni pour la formation de l'esprit et le développement de la réflexion ». Elle en a dressé une sorte de catalogue avec l'indication des tolérances qu'il convient d'admettre. C'est cette liste, établie sur l'avis conforme de l'Académie française, qui figure en annexe au présent arrêté.

Désormais, les membres des commissions d'examen n'auront plus seulement à s'inspirer d'observations générales ; ils seront en possession d'un guide qui les délivrera de toute hésitation et facilitera leur tâche.

D'autre part, les instituteurs et les professeurs chargés des cours de grammaire sauront exactement ce qu'il est bon de garder dans les livres dont ils font usage et ce qu'il faut en éliminer.

La réforme de la syntaxe que nous réalisons n'implique en aucune manière que l'on doive consacrer moins d'heures et moins de soins à l'étude du français. Bien au contraire. Le génie d'une langue, sa souplesse, son élégance et sa clarté ne résident pas dans les singularités orthographiques. C'est dans les œuvres des grands orateurs et des grands écrivains que l'on apprend à les connaître.

Le temps gagné par la simplification de la grammaire sera utilement employé à la lecture expliquée de textes choisis et à la composition française, exercices seuls capables d'enseigner les ressources et le maniement de la langue.

Je vous prie, Monsieur le Recteur, de prendre les mesures nécessaires pour que l'arrêté ci-joint soit immédiatement mis en vigueur.

Vous voudrez bien en donner connaissance à MM. les inspecteurs d'académie de votre ressort, aux chefs des établissements d'enseignement secondaire, aux présidents des diverses commissions d'examens et veiller à ce que le texte en soit inséré dans les bulletins de l'enseignement primaire.

Recevez, Monsieur le Recteur, l'assurance de ma considération très distinguée.

*Le Ministre de l'Instruction publique
et des Beaux-Arts,*

Georges Leygues.

Le Ministre de l'Instruction publique et des Beaux-Arts,
Vu l'article 5 de la loi du 27 février 1880 ;
Vu l'arrêté du 31 juillet 1900 ;
Le Conseil supérieur de l'Instruction publique entendu,

Arrête :

Art. 1er. Dans les examens ou concours dépendant du Ministère de l'Instruction publique, qui comportent des épreuves spéciales d'orthographe, il ne sera pas. compté de fautes aux candidats pour avoir usé des tolérances indiquées dans la liste annexée au présent arrêté.

La même disposition est applicable au jugement des diverses compositions rédigées en langue française, dans les examens ou concours dépendant du Ministère de l'Instruction publique qui ne comportent pas une épreuve spéciale d'orthographe.

Art. 2. L'arrêté du 31 juillet 1900 est rapporté.

Fait à Paris, le 26 février 1901.

Georges Leygues.

Liste annexée à l'arrêté du 26 février 1901.

Substantifs.

Pluriel ou singulier. — Dans toutes les constructions où le sens permet de comprendre le substantif complément aussi bien au singulier qu'au pluriel, on tolérera l'emploi de l'un ou de l'autre nombre. Ex. : *des habits de femme ou de femmes ; — des confitures de groseille ou de groseilles ; — des prêtres en bonnet carré ou en bonnets carrés ; — ils ont ôté leur chapeau ou leurs chapeaux.*

Substantifs des deux genres.

1. AIGLE. — L'usage actuel donne à ce substantif le genre masculin, sauf dans le cas où il désigne des enseignes. Ex. : *les aigles romaines.*

2. AMOUR, ORGUE. — L'usage actuel donne à ces deux mots le genre masculin au singulier. Au pluriel, on tolérera indifféremment le genre masculin ou le genre féminin. Ex. : *les grandes orgues ; — un des plus beaux orgues ; — de folles amours ; — des amours tardifs.*

3. DÉLICE ET DÉLICES sont, en réalité, deux mots différents. Le premier est d'un usage rare et un peu recherché. Il est inutile de s'en occuper dans l'enseignement élémentaire et dans les exercices.

4. AUTOMNE, ENFANT. — Ces deux mots étant des deux genres, il est inutile de s'en occuper particulièrement. Il en est de même de tous les substantifs qui sont indifféremment des deux genres.

5. GENS, ORGE. — On tolérera, dans toutes les constructions, l'accord de l'adjectif au féminin avec le mot *gens*. Ex. : *instruits* ou *instruites par l'expérience, les vieilles gens sont soupçonneux* ou *soupçonneuses.*
On tolérera l'emploi du mot *orge* au féminin sans exception : *orge carrée, orge mondée, orge perlée.*

6. HYMNE. — Il n'y a pas de raison suffisante pour donner à ce mot deux sens différents suivant qu'il est employé au masculin ou au féminin. On tolérera les deux genres aussi bien pour les chants nationaux que pour les chants religieux. Ex. : *un bel hymne* ou *une belle hymne.*

7. PÂQUES. — On tolérera l'emploi de ce mot au féminin aussi bien pour désigner une date que la fête religieuse. Ex. : *À Pâques prochain,* ou *à Pâques prochaines.*

Pluriels des substantifs.

PLURIEL DES NOMS PROPRES. — La plus grande obscurité régnant dans les règles et les exceptions enseignées dans les grammaires, on tolérera dans tous les cas que les noms propres précédés de l'article pluriel prennent la marque du pluriel : *les Corneilles* comme les *Gracques ; — des Virgiles* (exemplaires) comme *des Virgiles* (éditions).
Il en sera de même pour les noms propres de personne désignant les œuvres de ces personnes. Ex. : *des Meissoniers.*

PLURIEL DES NOMS EMPRUNTÉS A D'AUTRES LANGUES. — Lorsque ces mots seront tout à fait entrés dans la langue française, on tolérera que le pluriel soit formé suivant la règle générale. Ex. : *des excats* comme *des déficits.*

Noms composés.

Noms composés. — Les mêmes noms composés se rencontrent aujourd'hui tantôt avec le trait d'union, tantôt sans trait d'union. Il est inutile de fatiguer les enfants à apprendre des contradictions que rien ne justifie. L'absence de trait d'union dans l'expression *pomme de terre* n'empêche pas cette expression de former un véritable mot composé aussi bien que *chef-d'œuvre* par exemple. Ces mots pourront toujours s'écrire sans trait d'union.

Article.

Article devant les noms propres de personnes. — L'usage existe d'employer l'article devant certains noms de famille italiens : *le Tasse, le Corrège,* et quelquefois à tort devant des prénoms : *(le) Dante, (le) Guide.* — On ne comptera pas comme une faute l'ignorance de cet usage.

Il règne aussi une grande incertitude dans la manière d'écrire l'article qui fait partie de certains noms français : *la Fontaine, la Fayette* ou *Lafayette.* Il convient d'indiquer, dans les textes dictés, si, dans les noms propres qui contiennent un article, l'article doit être séparé du nom.

Article supprimé. — Lorsque deux adjectifs unis par *et* se rapportent au même substantif de manière à désigner en réalité deux choses différentes, on tolérera la suppression de l'article devant le second adjectif. Ex. : *L'histoire ancienne et moderne,* comme *l'histoire ancienne et la moderne.*

Article partitif. — On tolérera *du, de, la, des* au lieu de *de* partitif devant un substantif précédé d'un adjectif. Ex. : *de* ou *du bon pain, de bonne viande* ou *de la bonne viande, de* ou *des bons fruits.*

Article devant plus, moins, etc. — La règle qui veut qu'on emploie *le plus, le moins, le mieux* comme un neutre invariable devant un adjectif indiquant le degré le plus élevé de la qualité possédée par le substantif qualifié sans comparaison avec d'autres objets est très subtile et de peu d'utilité.

Il est superflu de s'en occuper dans l'enseignement élémentaire et dans les exercices. On tolérera *le plus, la plus, les plus, les moins, les mieux, etc.,* dans des constructions telles que : *on a abattu les arbres le plus* ou *les plus exposés à la tempête.*

Adjectif.

ACCORD DE L'ADJECTIF. — Dans la locution *se faire fort de,* on tolérera l'accord de l'adjectif. Ex. : *se faire fort, forte, forts, fortes de,* etc.

ADJECTIF CONSTRUIT AVEC PLUSIEURS SUBSTANTIFS. — Lorsqu'un adjectif qualificatif suit plusieurs substantifs de genres différents, on tolérera toujours que l'adjectif soit construit au masculin pluriel, quel que soit le genre de substantif le plus voisin. Ex. : *appartements et chambres meublés.*

NU, DEMI, FEU. — On tolérera l'accord de ces adjectifs avec le substantif qu'ils précèdent. Ex. : *nu* ou *nus pieds, une demi* ou *demie heure* (sans trait d'union entre les mots), *feu* ou *feue la reine*

ADJECTIFS COMPOSÉS. — On tolérera la réunion des deux mots constitutifs en un seul mot qui formera son féminin et son pluriel d'après la règle générale. Ex. : *nouveauné, nouveaunée, nouveaunés, nouveaunées ; — courtvêtu, courtvêtue, courtvêtus, courtvêtues,* etc.

Mais les adjectifs composés qui désignent des nuances étant devenus, par suite d'une ellipse, de véritables substantifs invariables, on les traitera comme des mots invariables. Ex. : *des robes bleu clair, vert d'eau,* etc., de même qu'on dit *des habits marron.*

PARTICIPES PASSÉS INVARIABLES. — Actuellement les participes *approuvé, attendu, ci-inclus, ci-joint, excepté, non compris, y compris, ôté, passé, supposé, vu,* placés avant le substantif auquel ils sont joints, restent invariables. *Excepté* est même déjà classé parmi les prépositions. On tolérera l'accord facultatif pour ces participes, sans exiger l'application de règles différentes suivant que ces mots sont placés au commencement ou dans le corps de la proposition, suivant que le substantif est ou n'est pas déterminé. Ex. : *ci joint* ou *ci jointes les pièces demandées* (sans trait d'union entre *ci* et le participe) ; — *je vous envoie ci joint* ou *ci jointe copie de la pièce.*

On tolérera la même liberté pour l'adjectif *franc.* Ex. : *envoyer franc de port* ou *franche de port une lettre.*

AVOIR L'AIR. — On permettra d'écrire indifféremment : *elle a l'air doux* ou *douce, spirituel* ou *spirituelle.* On n'exigera pas la connaissance d'une différence de sens subtile suivant l'accord de l'adjectif avec le mot *air* ou avec le mot désignant la personne dont on indique l'air.

ADJECTIFS NUMÉRAUX. — *Vingt, cent.* La prononciation justifie dans certains cas la règle actuelle qui donne un pluriel à ces deux mots quand ils sont multipliés par un autre nombre. On tolérera le pluriel de *vingt* et de *cent* même lorsque ces mots sont suivis d'un autre adjectif numéral. Ex. : *quatre vingt* ou *quatre vingts dix hommes ; — quatre cent* ou *quatre cents trente hommes.*

Le trait d'union ne sera pas exigé entre le mot désignant les unités et le mot désignant les dizaines. Ex. : *dix sept.*

Dans la désignation du millésime, on tolérera *mille* au lieu de *mil,* comme dans l'expression d'un nombre. Ex. : *l'an mil huit cent quatre vingt dix* ou *l'an mille huit cent quatre vingts dix.*

Adjectifs démonstratifs, indéfinis et pronoms.

Ce. -- On tolérera la réunion des particules *ci* et *là* avec le pronom qui les précède, sans exiger qu'on distingue *qu'est ceci, qu'est cela* de *qu'est ce ci, qu'est ce là.* — On tolérera la suppression du trait d'union dans ces constructions.

Même. — Après un substantif ou un pronom au pluriel, on tolérera l'accord de *même* au pluriel et on n'exigera pas de trait d'union entre *même* et le pronom. Ex. : *nous mêmes, les dieux mêmes.*

Tout. — Devant un nom de ville on tolérera l'accord du mot *tout* avec le nom propre sans chercher à établir une différence un peu subtile entre des constructions comme *toute Rome* et *tout Rome.*

On ne comptera pas de fautes non plus à ceux qui écriront indifféremment, en faisant parler une femme, *je suis tout à vous,* ou *je suis toute à vous.*

Lorsque *tout* est employé avec le sens indéfini de *chaque,* on tolérera indifféremment la construction au singulier ou au pluriel du mot *tout* et du substantif qu'il accompagne. Ex. : *des marchandises de toute sorte* ou *de toutes sortes ; — la sottise est de tout (tous) temps et de tout (tous) pays.*

Aucun. — Avec une négation, on tolérera l'emploi de ce mot aussi bien au pluriel qu'au singulier. Ex. : *ne faire aucun projet* ou *aucuns projets.*

Chacun. — Lorsque ce pronom est construit après le verbe et se rapporte à un mot pluriel sujet ou complément, on tolérera indifféremment, après *chacun.* le possessif *son, sa, ses* ou le possessif *leur, leurs.* — Ex. : *ils sont sortis chacun de son côté* ou *de leur côté ; — remettre des livres chacun à sa place* ou *à leur place.*

Verbe.

VERBES COMPOSÉS. — On tolérera la suppression de l'apostrophe et du trait d'union dans les verbes composés. Ex. : *entrouvrir, entrecroiser.*

TRAIT D'UNION. — On tolérera l'absence de trait d'union entre le verbe et le pronom sujet placé après le verbe. Ex. : *est il ?*

DIFFÉRENCE DU SUJET APPARENT ET DU SUJET RÉEL. — Ex. : *sa maladie sont des vapeurs.* Il n'y a pas lieu d'enseigner de règles pour des constructions semblables dont l'emploi ne peut être étudié utilement que dans la lecture et l'explication des textes. C'est une question de style et non de grammaire qui ne saurait figurer ni dans les exercices élémentaires ni dans les examens.

ACCORD DU VERBE PRÉCÉDÉ DE PLUSIEURS SUJETS NON UNIS PAR LA CONJONCTION *et.* — Si les sujets ne sont pas résumés par un mot indéfini tel que *tout, rien, chacun,* on tolérera toujours la construction du verbe au pluriel. Ex. : *Sa bonté, sa douceur le font admirer.*

ACCORD DU VERBE PRÉCÉDÉ DE PLUSIEURS SUJETS AU SINGU-LIER UNIS PAR *ni, comme, ainsi que* **ET AUTRES LOCUTIONS ÉQUI-VALENTES.** — On tolérera toujours le verbe au pluriel. Ex. : *ni la douceur ni la force n'y peuvent rien* ou *n'y peut rien ; — la santé comme la fortune demandent à être ménagées* ou *demande à être ménagée ; — le général avec quelques officiers sont sortis* ou *est sorti du camp ; — le chat ainsi que le tigre sont des carnivores* ou *est un carnivore.*

ACCORD DU VERBE QUAND LE SUJET EST UN MOT COLLECTIF. — Toutes les fois que le collectif est accompagné d'un complément au pluriel, on tolérera l'accord du verbe avec le complément. Ex. : *un peu de connaissances suffit* ou *suffisent.*

ACCORD DU VERBE QUAND LE SUJET EST *plus d'un.* — L'usage actuel étant de construire le verbe au singulier avec le sujet *plus d'un,* on tolérera la construction du verbe au singulier, même lorsque *plus d'un* est suivi d'un complément au pluriel.
Ex. : *plus d'un de ces hommes était* ou *étaient à plaindre.*

ACCORD DU VERBE PRÉCÉDÉ DE *un de ceux* (*une de celles*) *qui.* — Dans quels cas le verbe de la proposition relative doit-il être construit au pluriel, et dans quels cas au singulier ? C'est une délicatesse de langage qu'on n'essaiera pas d'introduire dans les exercices élémentaires ni dans les examens.

C'est, ce sont. — Comme il règne une grande diversité d'usage relativement à l'emploi régulier de *c'est* et de *ce sont*, et que les meilleurs auteurs ont employé *c'est* pour annoncer un substantif au pluriel ou un pronom de la troisième personne au pluriel, on tolérera dans tous les cas l'emploi de *c'est* au lieu de *ce sont*. Ex. : *c'est* ou *ce sont des montagnes et des précipices*.

Concordance ou correspondance des temps. — On tolérera le présent du subjonctif au lieu de l'imparfait dans les propositions subordonnées dépendant de propositions dont le verbe est au conditionnel présent. Ex. : *il faudrait qu'il vienne* ou *qu'il vînt*.

Participe.

Participe présent et adjectif verbal. — Il convient de s'en tenir à la règle générale d'après laquelle on distingue le participe de l'adjectif en ce que le premier indique l'action et le second l'état. Il suffit que les élèves et les candidats fassent preuve de bon sens dans les cas douteux. On devra éviter avec soin les subtilités dans les exercices. Ex. : *des sauvages vivent errant* ou *errants dans les bois*.

Participe passé. — Il n'y a rien à changer à la règle d'après laquelle le participe passé construit comme épithète doit s'accorder avec le mot qualifié, et construit comme attribut avec le verbe *être* ou un verbe intransitif doit s'accorder avec le sujet. Ex. : *des fruits gâtés ; — ils sont tombés ; — elles sont tombées*.

Pour le participe passé construit avec l'auxiliaire *avoir*, lorsque le participe passé est suivi soit d'un infinitif, soit d'un participe présent ou passé, on tolérera qu'il reste invariable, quels que soient le genre et le nombre des compléments qui précèdent. Ex. : *les fruits que je me suis laissé* ou *laissés prendre ; — les sauvages que l'on a trouvé* ou *trouvés errant dans les bois*. Dans le cas où le participe passé est précédé d'une expression collective on pourra à volonté le faire accorder avec le collectif ou avec son complément. Ex. : *la foule d'hommes que j'ai vue* ou *vus*.

Adverbe.

Ne dans les propositions subordonnées. — L'emploi de cette négation dans un très grand nombre de propositions subordonnées donne lieu à des règles compliquées, difficiles, abusives, souvent en contradiction avec l'usage des écrivains les plus classiques.

Sans faire de règles différentes suivant que les propositions dont elles dépendent sont affirmatives ou négatives ou interrogatives, on tolérera la suppression de la négation *ne* dans les propositions subordonnées dépendant de verbes ou de locutions signifiant :

Empêcher, défendre, éviter que, etc. Ex. : *défendre qu'on vienne ou défendre qu'on ne vienne ;*

Craindre, désespérer, avoir peur, de peur que, etc. Ex. : *de peur qu'il aille ou qu'il n'aille ;*

Douter, contester, nier que, etc. Ex. : *je ne doute pas que la chose soit vraie ou ne soit vraie ;*

Il tient à peu, il ne tient pas à, il s'en faut que, etc. Ex. : *il ne tient pas à moi que cela se fasse ou ne se fasse.*

On tolérera de même la suppression de cette négation après les comparatifs et les mots indiquant une comparaison : *autre, autrement que*, etc. Ex. : *l'année a été meilleure qu'on l'espérait ou qu'on ne l'espérait ; — les résultats sont autres qu'on le croyait ou qu'on ne le croyait.*

De même après les locutions *à moins que, avant que*. Ex. : *à moins qu'on accorde le pardon ou qu'on n'accorde le pardon.*

Observations.

Il conviendra, dans les examens, de ne pas compter comme fautes graves celles qui ne prouvent rien contre l'intelligence et le véritable savoir des candidats, mais qui prouvent seulement l'ignorance de quelque finesse ou de quelque subtilité grammaticale.

Vu pour être annexé à l'arrêté du 26 février 1901.

*Le Ministre de l'Instruction publique
et des Beaux-Arts,*

Georges LEYGUES.

IIe PARTIE.

Examens et classement de sortie.

---

*Instruction sur les examens et le classement de sortie
dans les écoles de sous-officiers élèves officiers (1).*

Cabinet du Ministre.

Paris, le 17 août 1907.

Art. 1er. Les élèves officiers sont classés à la fin de l'année
d'études, conformément aux prescriptions du décret du 30 juillet 1907.

TITRE Ier.

Examens.

Examens de fin de cours.

Art. 2. Les examinateurs de l'enseignement général, désignés
par le Ministre pour l'année scolaire, sont convoqués individuellement, lorsque les cours sur lesquels ils sont appelés à
interroger les élèves sont terminés. Ces interrogations ne doivent pas entraver la marche de l'instruction.

Art. 3. Chaque examinateur est assisté, pendant l'examen,
du professeur du cours correspondant.

Les élèves comparaissent par trois devant l'examinateur,
de manière que deux d'entre eux assistent toujours à l'examen
d'un troisième. Ils sont interrogés d'après un questionnaire
arrêté par le commandant de l'école, conformément aux instructions ministérielles.

Les questions d'examen sont tirées au sort et chaque élève
dispose de quinze à vingt minutes pour préparer ses réponses.
Tous les travaux graphiques ou écrits sur la matière sur laquelle roule l'examen sont présentés à l'examinateur, pour
l'éclairer sur la valeur de l'élève ; dans ce même but, l'examinateur a la faculté de poser à l'élève interrogé une ou deux
questions prises dans tout le questionnaire. Cette manière de
faire est obligatoire si l'élève paraît mériter une note supérieure à 18 ou inférieure à 4.

---

(1) Modifié par la circulaire du 6 mars 1909, *B. O.*, p. 364.

Art. 4. Les relevés des notes données aux élèves dans les examens de fin de cours, signés de l'examinateur, sont remis au commandant de l'école pour être présentés au président du jury d'examen désigné ci-après, qui procède, en fin d'année, aux opérations du classement.

Examens de sortie.

Art. 5. Le jury d'examen de l'enseignement militaire est composé, pour chaque école, d'officiers supérieurs désignés par le Ministre.

Art. 6. Un colonel ou lieutenant-colonel est président du jury d'examen et agit, en cette qualité, au nom de l'inspecteur permanent des écoles, dont il prend les instructions avant de commencer les opérations.

Un officier du cadre de l'école remplit les fonctions de secrétaire du jury pour le collationnement des notes, l'établissement des moyennes et la préparation de la liste de classement.

Art. 7. Chaque examinateur de l'enseignement militaire est assisté, pendant l'examen, du chef de groupe auquel appartient l'élève examiné.

Ces examens doivent avoir un caractère essentiellement pratique.

Les officiers supérieurs chargés de cette partie des examens ne doivent pas perdre de vue que leur mission est de constater l'aptitude des élèves au commandement des unités de leur arme, dans la mesure indiquée par les règlements pour les fonctions de lieutenants de compagnie, escadron ou batterie.

Tout ce qui est relatif aux manœuvres de l'arme et au service en campagne doit être vu, en principe, sur le terrain : en cas de mauvais temps, l'examen sur le terrain est remplacé par un examen sur la carte à grande échelle des environs de la ville où l'école est située. Des détachements de troupe, de l'arme à laquelle appartient l'école, sont mis, autant que possible, pour les examens sur le terrain, à la disposition du jury d'examen.

Les examinateurs voient successivement chaque élève pendant le temps nécessaire pour être bien fixés sur leur valeur intrinsèque ; pour toutes les applications en terrain varié ou exercices du service de campagne, ils posent à l'élève appelé à exercer le commandement un problème très simple ; l'élève donne les ordres et prend les dispositions qu'il croit convenables.

Art. 8. Les examens de sortie comportent, en dehors des examens militaires, des épreuves facultatives de langues vivantes.

Pour les langues qui font l'objet d'un cours facultatif professé à l'école, tous les élèves, qu'ils aient ou non suivi le cours, peuvent, sur leur demandé, être autorisés à subir l'examen de sortie.

Tous les élèves officiers peuvent également demander à être examinés, en fin d'études, sur une des langues admises (1) pour le concours d'entrée, même si ces langues ne font pas l'objet d'un cours professé à l'école.

L'examen de sortie sur chaque langue vivante comporte :

1° Une épreuve écrite (rédaction simple sur un sujet militaire, faite sans dictionnaire) ;

2° Une épreuve orale (conversation).

Les examinateurs sont désignés par le Ministre sur la demande des commandants d'école. Ils sont convoqués individuellement, conformément aux dispositions de l'article 2 ci-dessus.

TITRE II.

Classement de sortie.

Art. 9. L'élève reçoit, pour chaque matière enseignée, une note définitive établie dans les conditions indiquées ci-dessous :

1° *Enseignement général.*

Sauf pour les langues vivantes, la note définitive, pour chaque matière, est obtenue en faisant la moyenne des trois notes suivantes :

Moyenne des notes obtenues dans les interrogations faites au cours de l'enseignement par le professeur ;

Moyenne des notes données pour les travaux écrits ou graphiques ;

Note de l'examinateur de fin de cours.

Pour les langues vivantes, la note définitive est la note obtenue aux examens de sortie.

2° *Enseignement militaire.*

Pour chacune des branches de cette instruction, sauf l'équitation, la note définitive est obtenue en faisant la moyenne des trois notes suivantes :

Moyenne des notes données pendant l'année par le chef de brigade ;

---

(1) Allemand, anglais, italien, espagnol, russe, arabe.

Moyenne des notes données pendant l'année par le chef de groupe ;

Note de l'examinateur de sortie.

Pour l'équitation, la note définitive est obtenue en faisant la moyenne des deux (ou trois) notes suivantes :

Moyenne des notes données pendant l'année par l'instructeur ;

Moyenne des notes données pendant l'année par l'instructeur en chef (s'il existe) ;

Note de l'examinateur de sortie.

3° *Cote d'ensemble.*

La conduite, la tenue, les qualités morales de chaque élève, son aptitude au commandement sont appréciées par une note dite « cote d'ensemble », donnée par le commandant de l'école, sur la proposition du chef de brigade et du chef de groupe.

Art. 10. Dans chaque arme les coefficients à affecter aux différentes notes sont répartis entre les matières, conformément aux indications du tableau n° 2 ci-annexé.

Le coefficient attribué à la cote d'ensemble est égal au dixième de la somme totale des coefficients.

Etablissement du classement de sortie.

Art. 11. Pour établir le classement de sortie on multiplie, pour chaque élève, le nombre représentant la note définitive obtenue pour chaque matière par le coefficient correspondant.

La somme de ces divers produits, jointe à la cote d'ensemble multipliée par son coefficient, détermine le rang de l'élève sur la liste de classement de sortie.

Dans ce classement, à égalité de points, la priorité est acquise à l'élève qui compte le plus de service comme sous-officier ; à égalité à ce dernier point de vue, la priorité est donnée à l'élève qui a obtenu le plus grand nombre de points pour l'instruction militaire.

Art. 12. Les opérations matérielles du classement sont vérifiées par une commission composée :

Du président du jury d'examen ;
Du plus ancien de grade des professeurs :
Du plus ancien de grade des examinateurs.

Art. 13. Pour figurer sur cette liste de classement et être déclaré apte à être nommé sous-lieutenant, tout élève doit :

1° Avoir atteint une moyenne générale définitive égale au moins à 10 ;

2° N'avoir aucune note égale ou inférieure à 4, soit comme cote d'ensemble, soit comme note définitive en l'une quelconque des matières, exception faite pour l'examen de langue vivante qui est facultatif ;

3° N'avoir pas encouru, pendant l'année scolaire, plus de deux cents jours de consigne au quartier ; toutefois, le conseil de discipline est appelé à donner son avis sur tout élève qui a subi plus de deux cents jours de consigne au quartier. Cet avis est transmis d'urgence au Ministre qui décide si l'élève doit, ou non, être promu sous-lieutenant.

Art. 14 (1). Les élèves qui n'ont pas obtenu la moyenne 10 ou qui ont eu une note égale ou inférieure à 4, soit comme cote d'ensemble, soit comme cote définitive de l'une quelconque des matières (langues vivantes exceptées), sont signalés par le conseil d'instruction, dans un rapport spécial qui est transmis d'urgence au Ministre.

Ceux d'entre eux qui ont eu une interruption forcée de travail de plus de quarante jours au total ou de plus de trente jours consécutifs, peuvent être autorisés par le Ministre, sur la proposition du conseil d'instruction, à renouveler leur année d'études.

Le Ministre statue sur la sanction à appliquer aux autres, conformément à l'article 18 du décret du 30 juillet 1907 modifié par le décret du 5 mars 1914.

Tout élève qui renouvelle son année d'études concourt pour le grade de sous-lieutenant avec les élèves de la promotion qui suit la sienne.

Art. 15. La liste de classement, accompagnée des rapports à y joindre, s'il y a lieu, est soumise au Ministre qui l'approuve.

CLASSEMENT DE SORTIE

TABLEAU N° 2 DES COEFFICIENTS (2)

Ecole d'infanterie.

I. — ENSEIGNEMENT GÉNÉRAL.

Morale professionnelle.	5	
Littérature et correspondance militaire	3	
Education physique et hygiène	4	
Notions de tactique générale	6	
Législation et administration.	5	
Histoire.	5	50
Géographie.	5	
Sciences appliquées.	3	
Artillerie et tir.	5	
Fortification.	4	
Topographie et dessin.	5	

A reporter........ 50

(1) Nouvelle rédaction du 2 avril 1914 (*B. O.*, p. 559).
(2) Modifié par les circulaires des 19 octobre 1911 (*B. O.*, p. 1305, 29 décembre 1911 (*B. O.*, p. 1792), 29 octobre 1912 (*B. O.*, p. 2178) 20 mars 1914 (*B. O.*, p. 515) et 1er mai 1914 (*B. O.*, p. 631)

Report......   50

II. — ENSEIGNEMENT MILITAIRE.

Théorique.

Règlement de manœuvres.	4
Service en campagne.	4
Service de place et service intérieur, embarquement en chemins de fer.	2
Règlement d'éducation physique.	4

} 14

Pratique.

Exercices et manœuvres de l'arme.	11
Applications du service en campagne.	8
Instruction et pratique du tir.	8
Tir de la mitrailleuse.	1
Aptitude physique . { Gymnastique.	9
{ Escrime.	5
{ Équitation.	5
Hippologie, soins à donner aux chevaux.	1

} 48

Cote d'ensemble. **10**

TOTAL. **122**

Langues vivantes (facultatives) :

    Allemand. 2
    Autres langues. 1

Ecole de cavalerie.

I. — ENSEIGNEMENT GÉNÉRAL.

Morale professionnelle.	5
Littérature et correspondance militaire.	3
Éducation physique et hygiène.	2
Notions de tactique générale.	8
Législation et administration.	4
Histoire.	4
Géographie.	4
Sciences appliquées.	2
Artillerie et tir.	2
Fortification.	2
Topographie et dessin.	4

} 40

A reporter......   40

Report.......... 4C

II. — ENSEIGNEMENT MILITAIRE.

Théorique.

Règlements d'exercices................................	4	
Service en campagne..................................	4	} 10
Service intérieur et service de place.................	2	

Pratique.

Exercices et manœuvres de l'arme (1).................	11	
Service en campagne (1).............................	11	
Instruction et pratique du tir.......................	3	
Instruction et pratique du tir (mitrailleuse)..........	2	
Emploi des armes à cheval...........................	3	
Aptitude physique. { Gymnastique..................	1	
{ Escrime.....................	3	} 66
{ Équitation..................	22	
Connaissance du cheval, soins à donner, mise en condition..	4	
Hippologie et maréchalerie...........................	4	
Connaissance de denrées fourragères.................	2	

Cote d'ensemble.......... 10

TOTAL........ 126

Langues vivantes (facultatives) :

Allemand...	2
Autres langues......................................	1

Ecoles d'artillerie, du génie et du train des équipages.

A. — ARTILLERIE (2).

I. — ENSEIGNEMENT GÉNÉRAL (3).

Morale professionnelle...............................	10	
Littérature et correspondance militaire...............	6	
Éducation physique et hygiène.......................	6	
Notions de tactique générale.........................	10	
Législation et administration.........................	8	
Histoire...	7	} 108
Géographie..	7	
Sciences appliquées..................................	10	
Artillerie...	23	
Fortification..	8	
Topographie et dessin...............................	8	

A reporter........ 108

---

(1) Instruction et emploi de la troupe.
(2) Tableau modifié. (Circulaire du 17 juin 1914, *B. O.*, p. 1105.)
(8) Pour l'artillerie coloniale, ce tableau est modifié ainsi :

Artillerie..	17
Fortification..	6
Construction..	5

Report........   108

11. — ENSEIGNEMENT MILITAIRE.

Connaissance des règlements spéciaux à l'arme........   15
Connaissance des règlements généraux...............   10
Exercices et manœuvres de l'arme...................   20
Applications du service en campagne................   15
Ecoles à feu et instruction du tir.................   24   } 120
Aptitude physique. { Gymnastique.................   2
{ Escrime......................   4
{ Equitation...................   26
Hippologie, soins à donner au cheval...............   4

Cote d'ensemble............   20

Total........   248

Langues vivantes (facultatives) :

Allemand.   4
Autres langues.   2

B. — GÉNIE.

I. — ENSEIGNEMENT GÉNÉRAL.

Morale professionnelle.   9
Littérature et correspondance militaire.............   5
Éducation physique et hygiène.   5
Notions de tactique générale.   10
Législation et administration.   6
Histoire.   5
Géographie.   5   } 100
Sciences appliquées.   8
Artillerie et tir.   6
Fortification.   12
Topographie et dessin.   12
Construction.   8
Voies de communication.   5
Organisation et mobilisation de l'arme.............   4

II. — ENSEIGNEMENT MILITAIRE (1).

Exercices, manœuvres et règlements spéciaux à l'arme
  (théoriquement et pratiquement)....................   54
Connaissance des règlements généraux...............   10
Applications du service en campagne................   12
Instruction et pratique du tir.....................   10   } 120
Aptitude physique. { Gymnastique.................   6
{ Escrime......................   6
{ Equitation...................   20
Hippologie, soins à donner au cheval...............   2

Cote d'ensemble............   20

Total........   240

---

(1) *Erratum*, 1ᵉʳ mai 1914 (*B. O.*, p. 631).

Langues vivantes (facultatives) :
    Allemand.   4
    Autres langues.   2

C. — TRAIN DES ÉQUIPAGES (1).

I. — ENSEIGNEMENT GÉNÉRAL.

Morale professionnelle.	10	
Littérature et correspondance militaire.	6	
Éducation physique et hygiène.	6	
Notions de tactique générale.	8	
Législation et administration.	8	
Histoire.	8	105
Géographie.	8	
Sciences appliquées.	13	
Artillerie et tir.	5	
Fortification.	5	
Topographie et dessin.	8	
Organisation, service et mobilisation de l'arme.	20	

II. — ENSEIGNEMENT MILITAIRE.

Connaissance des règlements spéciaux à l'arme.	18	
Connaissance des règlements généraux.	10	
Exercices et manœuvres de l'arme.	27	
Application du service en campagne.	17	
Instruction et pratique du tir.	12	120
Aptitude physique. { Gymnastique.	2	
Aptitude physique. { Escrime.	4	
Aptitude physique. { Équitation.	26	
Hippologie, soins à donner au cheval.	4	

                   Cote d'ensemble.   20

                         TOTAL.   245

Langues vivantes (facultatives) :
    Allemand.   4
    Autres langues.   2

---

(1) Tableau modifié. (Circulaire du 1ᵉʳ juin 1914.)

IIIᵉ PARTIE

Préparation des candidats aux Ecoles.

Circulaire relative aux ouvrages d'enseignement qui peuvent être utilisés pour la préparation des candidats aux écoles de sous-officiers élèves officiers (1).

Paris, le 2 mai 1908.

Les instructions en vigueur sur le service des cours régimentaires préparant aux écoles d'élèves officiers font mention d'un certain nombre d'ouvrages d'enseignement qui peuvent être mis à la disposition soit des professeurs, soit des élèves des écoles régimentaires.

La liste de ces ouvrages ne correspond plus aux nécessités du nouveau programme d'admission, commun aux écoles d'élèves officiers des différentes armes et défini par l'instruction du 17 août 1907 et la circulaire du 27 janvier 1908. Il y a lieu, en conséquence, d'ajouter aux livres mentionnés par les instructions précitées les ouvrages désignés ci-après, dont l'emploi peut être recommandé aux candidats aux écoles d'élèves officiers, quelle que soit l'arme à laquelle ils appartiennent.

Les écoles d'artillerie, les écoles du génie et les corps de troupes sont autorisés à acheter ces ouvrages sur les fonds dont ils disposent.

Les officiers professeurs indiqueront aux candidats, en se conformant aux prescriptions de la circulaire du 27 janvier 1908, les parties de ces livres qu'ils doivent étudier. Ils suppléeront, au besoin, par l'enseignement oral, aux lacunes que ces mêmes livres peuvent présenter.

Il doit être bien entendu d'ailleurs que l'emploi des ouvrages désignés pour l'enseignement des écoles régimentaires n'est aucunement obligatoire.

Morale.

J. GÉRARD. — *Morale.* (Ouvrage appartenant à la bibliothèque des écoles primaires supérieures et des écoles professionnelles.) — Prix : 2 francs.

P.-F. PÉCAUT. — *Petit traité de morale sociale.* — Prix : 1 fr. 60.

---

(1) Mis à jour par l'incorporation dans le texte des circulaires des 28 avril 1909 (*B. O.*, p. 622); 23 décembre 1910 (*B. O.*, p. 2179); 13 février, 7 juillet, 10 novembre et 18 décembre 1911 (*B. O.*, p. 107, 797, 1466 et 1716), 18 mars et 6 mai 1912 (*B. O.*, p. 414 et 675) et 29 janvier 1913 (*B. O.*, p. 65)

A. Pierre et Mlle A. Martin. — *Cours de morale théorique et pratique.* — Prix : 2 francs.

Jules Steeg. — *L'honnête homme. Cours de morale théorique et pratique.* — Prix : 3 fr. 50.

Littérature et Langue française.

Graillet et Myard. — *Grammaire et composition française.* (Bibliothèque des écoles primaires supérieures et des écoles professionnelles.) — Prix : 2 fr. 50.

Julien Boitel. — *Les meilleurs auteurs français du XVIe au XIXe siècle.* — Prix : 3 fr. 90.

Félix Martel. — *Recueil de morceaux choisis du XVIe au XIXe siècle.* (Bibliothèque des écoles primaires supérieures et des écoles professionnelles.) — Prix : 2 fr. 25.

Lieutenant Piffre. — *Manuel d'histoire de la Littérature, à l'usage des sous-officiers.* — Editeur Lavauzelle, 124, boulevard St-Germain, Paris. Prix : 2 francs.

Antonin Vannier. — *La clarté française. L'art de composer, d'écrire et de se corriger.* — Prix : 3 fr. 50.

Histoire.

Albert Métin. — *Cours d'histoire à l'usage de écoles primaires supérieures, première année. Même ouvrage, deuxième année.* — Chaque volume, prix : 2 francs.

G. Ducoudray. — *Histoire générale de 1610 à nos jours.* — Prix : 3 fr. 50.

Capitaine Latreille. — *Vingt leçons d'histoire.* — Prix : 2 francs.

Lieutenant Noël Lacolle. — *Tableaux d'histoire, à l'usage des sous-officiers candidats aux écoles militaires.* — Editeur Lavauzelle, 124, boulevard St-Germain, Paris. Prix : 2 fr. 50.

Lieutenant Alex. Coche. — *Histoire à l'usage des candidats aux écoles militaires.* — Prix : 15 francs.

Lieutenant Raymond Peyronnet, licencié en droit. — *Dix leçons de morale, à l'usage des sous-officiers candidats aux écoles militaires.* — Editeur Lavauzelle, 124, boulevard St-Germain, Paris. Prix : 3 francs.

E. Chantriot, docteur ès lettres, agrégé de l'Université. — *Précis d'histoire à l'usage des candidats aux écoles de sous-officiers élèves officiers et des élèves officiers de réserve.* — Prix : 2 fr. 50.

A. AMMANN et E. COUTANT. — *Cours des écoles primaires supérieures.*

1re année. Histoire de la France depuis le début du xvie siècle jusqu'en 1789. — Prix : 2 fr. 50.

2e année. Histoire de la France depuis 1789 jusqu'à la fin du xixe siècle. — Prix : 3 francs.

3e année, Le monde au xixe siècle. — Prix : 3 francs.

BLANCHET et TOUTAIN. — *Histoire à l'usage des écoles primaires supérieures.* — Prix : 1re année, 1 fr. 75; 2e année, 1 fr. 75; 3e année, 1 fr. 80.

Géographie.

P. FONCIN. — *Cours supérieur et cours complémentaire.* — Prix : 2 fr. 25.

E. LEVASSEUR et G. NIOX. — *Le troisième livre de la géographie.* (Cours supérieur.) — Prix : 3 francs.

MARCEL DUBOIS et SIEURIN. — *Cours de géographie.* — Trois volumes, à 2 francs le volume.

MARCEL DUBOIS et SIEURIN. — *Cartes d'études.* — Trois volumes, à 2 fr. 25 le volume.

EMILE CHANTRIOT, docteur ès lettres, agrégé de l'Université. — *Précis de géographie à l'usage des candidats aux écoles de sous-officiers élèves officiers.* — Prix : 3 francs.

P. KAEPPELIN. — *Les régions naturelles de la France. Les colonies. Cartes d'études.* (Edition A.) — Prix : 5 fr. 50.

G. DODU. — *Géographie du brevet élémentaire.* — Prix : 2 fr. 75.

G. DODU. — *Cours de géographie.*

1re année. Principaux aspects du globe. La France. — Prix : 3 francs.

2e année. L'Europe moins la France. — Prix : 3 francs.

3e année. Le Monde moins l'Europe. — Prix : 3 francs.

LANIER, ROGEAUX et LABORDE. — *Nouveau cours de géographie méthodique. Enseignement primaire supérieur.* — Prix : 4 fr. 25.

GUILLOT. — *Géographie. Enseignement primaire supérieur.* — Prix : 1re année, 1 fr. 80; 2e année, 1 fr. 50; 3e année, 2 francs.

Géométrie et Topographie.

HUE et VAGNIER. — *Géométrie plane, arpentage et levé des plans.* — Prix : 3 francs.

HUE ET VAGNIER. — *Géométrie dans l'espace.* — Prix : 2 fr 25.

Dussaux et Béché. — *Première et deuxième années de géométrie dans l'enseignement primaire supérieur. (Géométrie plane.)* — Prix : 2 fr. 50 (1).

Dussaux et Béché. — *Troisième année de géométrie dans l'enseignement primaire supérieur.* — Prix : 2 fr. 50 (1).

Solutions raisonnées des questions de géométrie proposées dans les cours des écoles régimentaires, à l'usage des sous-officiers candidats aux écoles militaires. — Editeur Lavauzelle, 124, boulevard St-Germain, Paris. Prix : 3 francs.

E. Jacquet et A. Laclef. — *Cours de géométrie théorique et pratique.* — Prix : 3 fr. 50.

Algèbre.

Hue et Vagnier. — *Algèbre.* (Bibliothèque des écoles primaires supérieures et des écoles professionnelles.) — Prix : 2 fr. 50 (2).

Neveu. — *Cours d'Algèbre théorique et pratique.* — Prix : 3 francs.

Cours d'algèbre et de trigonométrie, à l'usage des sous-officiers élèves officiers. — Editeur Lavauzelle, 124, boulevard St-Germain, Paris. Prix : 3 francs.

E. Jacquet et A. Laclef. — *Cours d'Algèbre élémentaire.* — Prix : 2 francs.

L. Guyon. — *Exercices d'algèbre avec leurs solutions.* — Editeur Henri Charles-Lavauzelle, 124, boulevard St-Germain, Paris. Prix : 5 francs.

Arithmétique.

Neveu. — *Cours d'arithmétique théorique et pratique.* — Prix : 3 francs.

Armand Ernst. — *Deux années d'algèbre dans l'enseignement primaire supérieur (en un volume).* — Prix : 2 francs.

Cours d'arithmétique, à l'usage des sous-officiers candidats aux écoles de Saint-Maixent, Saumur, Versailles et Vincennes. — Editeur Lavauzelle, 124, boulevard St-Germain, Paris. Prix : 1 fr. 50.

Guyon. — *Exercices d'arithmétique.* — Editeur Lavauzelle, 124, boulevard St-Germain, Paris. Prix : 5 francs.

E. Jacquet et A. Laclef. — *Cours d'arithmétique théorique et pratique.* — Prix : 3 francs.

Martinaud. — *Cours élémentaires d'arithmétique. Enseignement primaire supérieur.* — Prix : 2 fr. 25.

(1) Ouvrages ne comprenant pas les notions sur l'arpentage, le levé des plans et le nivellement, prévues au programme.

(2) Les questions traitées dans l'appendice de cet ouvrage ne font pas partie du programme.

Physique et Chimie.

E. DRINCOURT. — *Trois années de physique (en un volume)*. — Prix : 2 francs

E. DRINCOURT. — *Trois années de chim.* (en un volume). — Prix : 2 francs.

I. PRECEPTIS, — *Précis des sciences physiques (physique et chimie)*. — Prix : 2 francs.

MÉTRAL. — *Cours de physique*. — Prix : 4 francs.

MÉTRAL. — *Cours de chimie*. — Prix : 3 fr. 50.

Capitaine NAUDIN. — *Quinze leçons de physique, à l'usage des sous-officiers candidats aux écoles militaires*. — Editeur Lavauzelle, 124, boulevard St-Germain, Paris. Prix : 4 francs.

Mme B. GAUTHIER-ECHARD. — *Manuel de chimie (les trois années réunies)*. — Prix : 3 fr. 25.

L. PERSEIL et Mme B. GAUTHIER-ECHARD. — *Manuel de physique (les trois années réunies)*. — Prix : 3 fr. 75.

GAL et LEMOINE. — *Physique. Enseignement primaire supérieur*. —Prix : 1re année, 1 fr. 50; 2e année, 2 francs; 3e année, 1 fr. 50.

LUGOL. — *Cours élémentaire de chimie. Enseignement primaire supérieur*. — Prix : 1re année, 1 fr. 25; 2e année, 1 fr. 25.

Circulaire relative à la préparation des candidats aux écoles de sous-officiers élèves officiers.

Paris, le 27 juin 1908.

Les dispositions de l'instruction du 17 août 1907 (*B. O.*, P. R., p. 1314), complétée par la circulaire du 27 janvier 1908 (*B. O.*, P. R., p. 90) (1), en relevant le niveau des connaissances exigées des candidats aux écoles d'élèves officiers et en étendant leur programme, ont rendu sensiblement plus lourde la tâche des écoles régimentaires qui sont chargées d'assurer la préparation de ces candidats.

D'autre part, l'instruction et la circulaire précitées imposent pour les examens d'admission aux écoles d'élèves officiers de toutes les armes un même programme d'enseignement général ; elles prévoient pour les épreuves orales relatives à cet enseignement la constitution d'un même jury pour les candidats aux différentes écoles ; elles fixent le début des épreuves à la même date. D'où la possibilité d'instituer des cours communs de préparation pour les candidats de toutes les armes, ce qui permettra, dans l'avenir, de mieux utiliser les ressources d'enseignement existant dans chaque garnison, de diminuer le nombre

---

(1) Abrogée par circulaires des 24 août 1910 et 22 novembre 1913 (*B. O.*, p. 1601 et 1771).

des officiers professeurs et de faciliter le travail des candidats isolés ou appartenant à des corps peu nombreux.

Cette réforme est l'objet principal de l'instruction provisoire publiée à la date de ce jour sur la préparation des candidats aux écoles de sous-officiers élèves officiers.

Aux termes de cette instruction, dans les garnisons comptant plusieurs corps ou portions principales de corps de troupes, quelle qu'en soit l'arme, il n'est formé, en principe, qu'un seul cours du second degré préparatoire aux écoles d'élèves officiers. La haute direction et la surveillance de ce cours incombent au commandant d'armes ; son organisation matérielle sera confiée, d'après ses ordres, à une des écoles régimentaires de la garnison (écoles d'artillerie et du génie comprises). Il doit rester entendu d'ailleurs que ces mesures nouvelles, en augmentant les moyens mis à la disposition des chefs de corps pour la préparation de leurs candidats, ne modifient pas la responsabilité qui leur est attribuée par le règlement sur le service intérieur, en ce qui concerne l'instruction de tous les éléments relevant de leur commandement. Ils ne pourront donc se désintéresser, dans aucun cas, de la bonne préparation des sous-officiers placés sous leurs ordres.

Indépendamment de ces mesures, il est spécifié que désormais, partout où fonctionnera une école régimentaire, l'accès des cours du premier ou deuxième degré de cette école sera ouvert aux sous-officiers appartenant à des détachements d'autres corps, quelle qu'en soit l'arme, à des compagnies formant corps, à des établissements ou à des services stationnés dans la même garnison.

Au point de vue moral, l'application de ces dispositions, en rapprochant les candidats officiers de toutes les armes, ne peut que développer leurs sentiments de confiance mutuelle et de solidarité et les préparer à la camaraderie du champ de bataille.

Les dispositions de l'instruction provisoire du 27 juin 1908 sur la préparation des candidats aux écoles d'élèves officiers entreront en vigueur à la date du 1er octobre prochain.

Les commandants d'armes prendront toutes les mesures nécessaires et provoqueront au besoin les ordres des commandants de corps d'armée pour assurer, avant cette date, l'organisation des cours de garnison dans les conditions prévues par ladite instruction.

Les commandants de corps d'armée feront parvenir au Ministre (Cabinet) :

1° Le 1er novembre 1908, un rapport faisant connaître l'organisation des cours et les conditions dans lesquelles ils auront commencé à fonctionner ;

2° Le 1er juillet 1909, un rapport détaillé sur l'organisation et le fonctionnement des écoles régimentaires pendant l'année scolairc 1908-1909 et sur les modifications qu'il y aurait lieu d'apporter aux instructions en vigueur en vue de l'organisation définitive de ces écoles.

G. Picquart.

Instruction provisoire sur la préparation des candidats aux écoles de sous-officiers élèves officiers (modifiée par la feuille rectificative du 24 août 1910) (*).

Paris, le 27 juin 1908.

Dispositions générales.

Art. 1er. La préparation des candidats aux écoles de sous-officiers élèves officiers est assurée au moyen de cours à deux degrés.

Le cours du premier degré est destiné aux gradés ayant au moins un an de service et susceptibles de concourir par la suite pour l'admission aux écoles de sous-officiers.

Le cours du deuxième degré est réservé aux sous-officiers ayant au moins une année de grade de sous-officier et ayant justifié, par un examen, de la connaissance de toutes les matières enseignées au cours du premier degré (voir art. 13) (1).

Il n'est pas indispensable, pour être admis au cours du deuxième degré, d'avoir subi au préalable celui du premier degré.

De même, il n'est pas nécessaire, pour être admis à concourir pour les écoles de sous-officiers, d'avoir suivi, au préalable, le cours du deuxième degré. Mais, pour pouvoir être présenté dans ce cas, le sous-officier devra justifier, par un examen, d'une connaissance suffisante des matières du concours (voir art. 14).

Programme d'enseignement.

Art. 2. Le cours du premier degré comprend les matières ci-après : morale, langue française, mathématiques, histoire. géographie.

Le cours du deuxième degré comprend les matières ci-après : langue française, mathématiques, histoire, géographie, physique, chimie.

Le programme général d'enseignement, ainsi que sa répartition entre les deux degrés du cours, font l'objet de l'annexe n° 1 à la présente instruction.

(*) Mise à jour par l'incorporation dans le texte primitif des modifications de la feuille rectificative du 24 août 1910 (*B. O.*, p. 1597).

(1) Les sous-officiers très bien notés au point de vue militaire et ayant subi avec succès l'examen prévu par l'article 13 peuvent être autorisés à suivre les cours du deuxième degré, même s'ils ont moins d'une année de grade.

Organisation du cours du premier degré.

Art. 3. Il est organisé, en principe, un cours du premier degré dans tout corps de troupes (à l'exception des compagnies formant corps) ou toute portion principale de corps de troupes.

Ce cours est destiné à donner l'instruction du premier degré :

a) Aux gradés du corps candidats aux écoles ;

b) Aux gradés candidats aux écoles et appartenant à des détachements d'autres corps, à des compagnies formant corps ou à des services stationnés dans la garnison.

La répartition des divers détachements, compagnies formant corps et services entre les cours du premier degré organisés dans une même garnison, est faite par le commandant d'armes.

Art. 4. Si le nombre des élèves est peu élevé, il peut n'être organisé qu'un cours du premier degré pour tous les corps de troupe d'une même garnison. L'organisation de ce cours sera alors arrêtée dans des conditions analogues à celles prévues plus loin (art 12) pour les cours de garnison du deuxième degré.

De même, il peut n'être organisé qu'un cours du premier degré pour deux corps de troupe de la même garnison. Dans ce cas, tous les détails d'organisation du cours sont réglés par entente directe entre les deux corps intéressés et sous réserve de l'approbation du général ou des généraux de brigade dont ils relèvent. Une des deux écoles régimentaires assure l'ensemble du service, les officiers professeurs étant pris simultanément dans les deux corps.

Il peut être organisé également dans les mêmes conditions qu'à l'alinéa ci-dessus un cours du premier degré commun à plusieurs détachements stationnés, à l'exclusion de tout autre corps ou portion principale de corps de troupe, dans une même garnison.

Art. 4 *bis*. Dans les corps de troupe fractionnés, les chefs de corps prendront, pour l'instruction du premier degré, des gradés appartenant à des détachements complètement isolés, telles mesures qu'ils jugeront convenables, en s'inspirant de l'esprit de la présente instruction.

En principe, il y a lieu de limiter à deux au maximum le nombre des cours du premier degré, organisés dans un même corps de troupe, détachements compris.

Afin d'éviter dans les corps très fractionnés la constitution d'un troisième cours du premier degré, les élèves de certains détachements pourront être détachés à la portion principale ou même à un autre détachement pour suivre les cours.

Art. 5. Le cours du premier degré commence dans les premiers jours d'octobre. Il a une durée d'au moins huit mois, défalcation faite des interruptions de longue durée qui pourraient être causées par les séjours dans les camps d'instruction, champs de tir, etc.

Il comprend, en principe, trois séances par semaine. Les séances ont lieu en dehors des heures affectées normalement aux instructions et manœuvres.

Dans l'exposé de la leçon, le professeur borne, en principe, ses développements aux points les plus délicats, en renvoyant, pour le reste, les élèves aux ouvrages mis à leur disposition.

Art. 6. Dans chaque cours l'enseignement est dirigé par un officier supérieur ou capitaine directeur des écoles régimentaires et est confié à des lieutenants. En principe, trois lieutenants sont ainsi chargés respectivement de l'instruction à donner sur les trois groupes de matières ci-après (1) :

Morale et langue française ;
Histoire et géographie ;
Mathématiques.

Les détachements de l'effectif d'au moins deux unités (compagnies, batteries, etc.) et rattachés à un corps de troupes pour le cours du premier degré, dans les conditions prévues à l'article 3 peuvent être appelés par décision du commandant d'armes à fournir un des lieutenants professeurs du cours. Ce lieutenant, désigné par le commandant d'armes, sur la proposition du chef du détachement intéressé, relève, pour l'exécution de son service de professeur, du directeur des écoles régimentaires.

Art. 7. La répartition des séances entre les diverses matières est déterminée par le chef du corps (ou détachement) dans lequel fonctionne le cours. L'exemple de répartition qui figure à l'annexe n° 2 de la présente instruction est simplement donné à titre d'indication.

Art. 8. L'admission au cours du premier degré est prononcée :

Pour les gradés du corps dans lequel fonctionne le cours, par le chef de corps ;

---

(1) Le nombre des officiers professeurs peut être augmenté dans le but de restreindre la tâche incombant à chacun d'eux.

Les fonctions de professeur peuvent être, le cas échéant, confiées à des capitaines.

Les professeurs civils actuellement en service dans les écoles du génie participent à l'enseignement donné dans ces établissements au titre des cours du premier degré.

Pour les gradés étrangers au corps, par le commandant d'armes, sur la proposition du chef de détachement ou du chef de service.

Les gradés admis au cours du premier degré ne peuvent le quitter sans autorisation.

La radiation des élèves inscrits, pour quelque motif que ce soit, insuffisance, absence prolongée, etc., est prononcée, à une époque quelconque de l'année, par l'autorité qui a décidé l'admission.

Art. 9. Les candidats à l'École d'administration militaire, de même que les sous-officiers désireux de concourir pour certains grades ou certains emplois militaires ou civils, peuvent être admis, sur leur demande, à assister aux leçons faites sur une ou plusieurs des matières professées au cours du premier degré. L'admission et la radiation des élèves de ces catégories sont prononcées dans les conditions prévues à l'article 8.

Les dispositions du précédent alinéa sont applicables aux gradés armuriers désireux de concourir ultérieurement pour l'emploi d'officier d'administration contrôleur d'armes.

Organisation du cours du deuxième degré.

Art. 10. Dans les garnisons ne comportant qu'un seul corps de troupes (abstraction faite des détachements d'autres corps et des services), il est organisé, par les soins de ce corps, un cours du deuxième degré destiné aux sous-officiers de ce corps, ainsi qu'aux candidats appartenant aux détachements, compagnies formant corps, établissements et services stationnés dans la garnison.

Dans les garnisons comportant plusieurs corps de troupes, il est organisé, en principe, un seul cours du deuxième degré pour l'ensemble de la garnison. Toutefois, dans les garnisons très importantes, il peut être organisé, en raison du nombre des élèves, deux ou plusieurs cours du deuxième degré.

Art. 11. L'organisation des cours du deuxième degré afférents à un seul corps de troupes (abstraction faite des détachements d'autres corps) est assurée par les soins du chef de corps, dans les mêmes conditions que celle des cours du premier degré. La participation éventuelle des détachements étrangers au corps à la constitution du personnel enseignant est réglée par les dispositions de l'article 6.

Art. 12. L'organisation des cours du deuxième degré communs à plusieurs corps est arrêtée, dans chaque place intéressée, par le commandant d'armes. Toutefois, dans le cas où le commandant d'armes est général de division, il est autorisé à déléguer cette mission à un général de brigade.

En particulier, le commandant d'armes (ou son délégué) :

Détermine le nombre de cours du deuxième degré à organiser ;

Répartit, s'il y a lieu, entre ces cours, les corps ou détachements et services de la garnison ;

Désigne la ou les écoles régimentaires (écoles d'artillerie et du génie comprises) chargées d'assurer l'organisation matérielle des cours ;

Répartit les séances entre les matières à enseigner et détermine les heures des séances, de manière qu'elles aient lieu en dehors des périodes de la journée consacrées normalement aux instructions et manœuvres ;

Choisit les officiers professeurs, de manière à répartir autant que possible les charges sur l'ensemble des corps ou détachements de la garnison.

Pour l'élaboration de ces mesures, et, en général, pour toutes les questions intéressant l'organisation d'ensemble du cours du deuxième degré, le commandant d'armes est assisté d'une commission, constituée par les chefs des corps de troupes et les directeurs des établissements dans lesquels un cours du deuxième degré peut être organisé, aux termes de la présente instruction.

Art. 13. Chaque année, dans les derniers jours de septembre, il est procédé, pour chaque cours du deuxième degré, à l'examen des candidats à ce cours prévu par l'article 1er de la présente instruction. Les corps de troupes et services adressent à cet effet en temps utile au commandant d'armes l'état nominatif des sous-officiers qu'ils proposent pour suivre le cours. Les sous-officiers provenant de détachements stationnés dans une garnison ne comportant pas de cours du deuxième degré sont compris sur cet état. L'examen est basé sur le programme du cours du premier degré. Il comporte une composition française, une composition de mathématiques et des interrogations sur toutes les matières du cours.

La commission d'examen est présidée :

Si le cours du deuxième degré est afférent à un seul corps de troupes (abstraction faite des détachements d'autres corps), par le lieutenant-colonel ou, à défaut, par un officier supérieur du corps ;

Si le cours est commun à plusieurs corps, par le major de la garnison.

Dans les deux cas, elle comprend : un capitaine ou assimilé par corps ou service intéressé et les lieutenants professeurs du cours du deuxième degré.

A la suite de l'examen visé ci-dessus, examen qui ne donne lieu à aucun classement, et des propositions établies par la commission, les sous-officiers sont admis ou non à suivre le cours du deuxième degré (1).

Art. 14. Chaque année, dans les premiers jours de janvier, il est procédé le cas échéant, par la commission visée à l'article précédent, à l'examen des sous-officiers qui demanderaient à concourir, sans avoir suivi au préalable les cours du deuxième degré.

L'examen est basé sur le programme d'admission aux écoles de sous-officiers. Il comprend une composition française, une composition de mathématiques et des interrogations sur toutes les matières du programme.

Les résultats de l'examen et l'avis de la commission sont transmis au chef de corps ou de service dont dépend le sous-officier examiné.

Art. 15. L'admission aux cours du deuxième degré est prononcée :

Pour les cours du deuxième degré afférents à un seul corps de troupes (abstraction faite des détachements). dans les conditions spécifiées à l'article 8 pour les cours du premier degré ;

Pour les cours du deuxième degré communs à plusieurs corps de troupes, par le commandant d'armées ou son délégué.

Les sous-officiers désignés pour suivre le cours du deuxième degré et appartenant à des détachements stationnés dans d'autres places sont versés à la portion principale de leur corps.

Les sous-officiers admis au cours du deuxième degré ne peuvent le quitter sans autorisation.

La radiation des élèves inscrits, pour quelque motif que ce soit, insuffisance, absence prolongée, etc., est prononcée, à une époque quelconque de l'année, par l'autorité qui a décidé l'admission.

Art. 16. Le cours du deuxième degré commence dans les premiers jours d'octobre et se prolonge jusqu'aux examens oraux d'admission. Il comporte, en principe, trois séances par semaine. La méthode d'enseignement suivie est conforme aux prescriptions posées par l'article 5, en ce qui concerne le cours du premier degré.

A partir du 1ᵉʳ avril, les séances sont, en totalité, consacrées à la revision des matières enseignées tant au premier qu'au deuxième degré.

---

(1) Le cours du deuxième degré est en partie une revision rapide des connaissances que l'on suppose déjà bien connues par les élèves. Il est donc destiné exclusivement à ceux de ces derniers qui sont réellement capables de le suivre avec fruit. La commission d'examen prévue à l'article 13 doit, dans l'intérêt même des candidats, limiter strictement ses propositions dans ce sens.

Art. 17. L'enseignement est dirigé :

Par le directeur de l'école d'artillerie, pour les cours du deuxième degré organisés dans ces établissements ;

Par le directeur des écoles régimentaires, pour les cours du deuxième degré organisés dans un corps de troupes.

En outre, en ce qui concerne les cours communs à plusieurs corps, l'enseignement est placé sous la haute surveillance du commandant d'armes (ou de son délégué, dans le cas prévu à l'article 12).

L'enseignement est confié à des lieutenants. En principe, trois lieutenants (1) sont ainsi chargés respectivement des groupes de matières ci-après :

Langue française, littérature, histoire et géographie ;
Mathématiques ;
Physique et chimie.

Art. 18. La répartition des séances entre les diverses matières est déterminée :

Pour les cours afférents à un seul corps de troupes, par le chef de corps ;

Pour les cours communs à plusieurs corps de troupes, par le commandant d'armes (voir art. 12).

L'exemple de répartition qui figure à l'annexe n° 2 à la présente instruction est simplement donné à titre d'indication.

Art. 19. Les candidats à l'École d'administration militaire peuvent être admis, sur leur demande, à assister aux leçons faites sur une ou plusieurs des matières professées au cours du deuxième degré. Ils doivent, dans ce cas, justifier par un examen de la connaissance des matières correspondantes enseignées au cours du premier degré. L'admission et la radiation des élèves de cette catégorie sont prononcées dans les conditions prévues à l'article 15.

Les dispositions du précédent alinéa sont applicables aux gradés armuriers désireux de concourir ultérieurement pour l'emploi d'officier d'administration contrôleur d'armes.

Personnel enseignant.

Art. 20. Les lieutenants professeurs des cours du premier et du deuxième degré sont choisis, autant que possible, en

____

(1) Le nombre des officiers professeurs peut être augmenté dans le but de restreindre la tâche incombant à chacun d'eux.

Les fonctions de professeur peuvent être, le cas échéant, confiées à des capitaines.

Les professeurs civils actuellement en service dans les écoles du génie peuvent participer à l'enseignement donné dans ces établissements au titre des cours du deuxième degré.

raison de leurs aptitudes spéciales. Ils sont dispensés, pendant la durée des cours dont ils sont chargés, de tout service autre que celui de leur unité.

Les lieutenants qui auront été employés aux cours pourront être l'objet de proposition en vue des récompenses suivantes :

Citation à l'ordre du corps d'armée ;
Lettre de félicitations du Ministre ;
Récompenses et décorations du Ministre de l'instruction publique.

Il sera toujours fait mention, dans leurs notes, de leur participation au service des écoles régimentaires.

Matériel. — Comptabilité.

Art. 21. Le matériel d'étude nécessaire à chaque élève lui est fourni par le corps ou service auquel il appartient.

Quant au matériel d'un service commun à tous les élèves, il est fourni et entretenu au moyen d'un prélèvement fait sur les masses des écoles des corps, au prorata du nombre de leurs élèves, sur la demande du chef du corps (ou du directeur de l'école d'artillerie) dans lequel le cours est organisé.

Les dépenses sont réglées par le corps (ou par l'école d'artillerie ou du génie), qui poursuit ensuite le remboursement de la quote-part des autres corps ou services.

Dispositions diverses.

Art. 22. Les instructions qui règlent actuellement le fonctionnement des écoles régimentaires et des cours supérieurs des écoles d'artillerie demeurent en vigueur, sous la réserve des modifications introduites par la présente instruction.

L'examen prévu au chapitre VI de l'instruction du 6 août 1901 sur le service des écoles régimentaires de l'infanterie est supprimé.

Art. 23. Dans les corps de troupes stationnés en Algérie et Tunisie, les chefs de corps prendront les dispositions qu'ils jugeront le plus convenables pour assurer l'instruction de leurs candidats, en s'inspirant de l'esprit de la présente instruction.

Les commandants des écoles militaires agiront de même vis-à-vis des candidats placés sous leurs ordres.

Dispositions spéciales aux troupes coloniales.

Art. 24. Les dispositions de la présente instruction sont applicables aux troupes coloniales.

En France, l'admission au cours du deuxième degré dispense les sous-officiers des troupes coloniales du service colonial jusqu'à ce que le commandant du corps d'armée des troupes coloniales ait arrêté la liste des candidats dont il admet la proposition ; ceux qu'il ajourne reprennent immédiatement leur rang sur le tour de départ.

Aux colonies, les commandants supérieurs des troupes organiseront, lorsque les circonstances le permettront, les cours du premier et du deuxième degré en s'inspirant de l'esprit de la présente instruction.

ANNEXE N° 1.

relative au programme d'enseignement et à la répartition des matières entre les cours du premier degré et ceux du deuxième degré.

Le programme d'enseignement est le programme défini par la circulaire ministérielle du 24 août 1910.

La répartition de ce programme entre les cours du premier et ceux du deuxième degré est indiquée ci-dessous.

COURS DU PREMIER DEGRÉ.

Morale. — Le cours complet prévu au programme d'enseignement.

Langue française. — Exercices de dictée, de grammaire et de composition française. Notions succinctes sur la littérature française du XVIIe au XIXe siècle. Analyse d'extraits des grands écrivains français classiques et contemporains.

Histoire. — Histoire de France depuis le début du XVIe siècle jusqu'à 1815.

Géographie. — Notions générales sur les principaux aspects du globe. Géographie de la France et de ses colonies. Europe septentrionale. Europe occidentale. Exécution, de mémoire, de croquis des régions ou pays étudiés.

Mathématiques. — Etude complète de l'arithmétique et de la géométrie (à l'exclusion de la géométrie descriptive), telles qu'elles sont prévues au programme d'enseignement. Etude de l'algèbre jusqu'à la résolution des équations du premier degré (inclusivement).

COURS DU DEUXIÈME DEGRÉ.

Langue française. — Continuation des exercices visés au cours du premier degré, mais en faisant une part plus large à l'analyse littéraire. Revision des notions de littérature française acquises dans le cours du premier degré.

Histoire. — Histoire de France depuis 1815 jusqu'à nos jours. Notions sommaires sur l'histoire générale depuis 1815 jusqu'à nos jours et sur l'état actuel des grandes nations du monde.

Géographie. — Europe centrale et orientale. Europe méridionale. Exécution, de mémoire, de croquis des régions ou pays étudiés.

Généralités sur l'Asie, l'Afrique, l'Amérique et l'Océanie.

Mathématiques. — Revision rapide de l'arithmétique et de la géométrie. Résolution de l'équation du deuxième degré à une inconnue. Progressions, logarithmes. Notions de trigonométrie.

Physique. — Le cours complet prévu au programme d'enseignement.

Chimie. — Le cours complet prévu au programme d'enseignement.

ANNEXE N° 2.

Exemple de répartition de séances entre les diverses matières prévues au programme d'enseignement.

(Les exemples ci-dessous sont donnés simplement à titre d'indication. Il appartient aux chefs de corps, ou aux commandants d'armes, suivant le cas, d'arrêter la répartition des séances entre les diverses matières à enseigner, conformément aux prescriptions des articles 7 et 18 de l'instruction.)

COURS DU PREMIER DEGRÉ.

Morale	10	séances.
Langue française	20	—
Histoire	15	—
Géographie	15	—
Mathématiques	50	—

COURS DU DEUXIÈME DEGRÉ.

Langue française	10	séances.
Histoire	15	—
Géographie	15	—
Mathématiques	20	—
Physique	15	—
Chimie	12	—

ANNEXE N° 3

relative à l'enseignement, dans les écoles du génie, de la géométrie descriptive, du dessin et de la topographie.

Indépendamment et en dehors de l'enseignement général commun à toutes les armes, il est organisé, dans les écoles du génie, des cours spéciaux, particuliers aux candidats à l'École de sous-officiers du génie, pour l'enseignement des matières ci-après :

Connaissances générales : géométrie descriptive et dessin ;
Connaissances militaires : topographie et levers.
Le programme de cet enseignement est le suivant :

Cours spéciaux du premier degré.

(Pour les candidats suivant les cours du premier degré.)

———

GÉOMÉTRIE DESCRIPTIVE.

1° Méthode de projection sur deux plans (1).

Problèmes relatifs au point, au plan et à la droite.

Préliminaires. — Enoncé des théorèmes de géométrie élémentaire sur lesquels est fondée la méthode des projections.

Représentation du point. — Différentes positions d'un point par rapport au plan de projection. — Représentation de la droite. — Différentes positions d'une droite. — Projection de droites parallèles. — Projection de l'angle de deux droites. — Représentation du plan. — Différentes positions des traces d'un plan.

Une ligne perpendiculaire à un plan a ses projections perpendiculaires aux traces du plan. — Comment on reconnaît qu'une droite est située dans un plan. — Comment on reconnaît que deux droites sont dans un même plan et se coupent.

Problèmes. — Les traces d'une droite étant données, trouver ses projections et réciproquement.

———

(1) On s'appliquera à remplacer le plus possible les démonstrations raisonnées par des démonstrations parlantes, en s'aidant de plans de projection en bois, ainsi que des règles, planchettes et fil à plomb nécessaires.

Par un point donné dans l'espace, mener une droite parallèle à une droite donnée et trouver la vraie grandeur d'une partie de cette droite.

Par un point donné mener un plan parallèle à un plan donné.

Construire le plan qui passe par trois points donnés dans l'espace.

Rabattement sur un des plans de projection d'un point ou d'une droite autour d'une autre droite située dans ce plan.

Deux plans étant donnés, trouver les projections de leur intersection.

Une droite et un plan étant donnés, trouver les projections du point où la droite rencontre le plan.

2° *Méthode des projections cotées.*

Problèmes sur les droites, les plans et les surfaces courbes.

Préliminaires. — Caractères distinctifs des plans cotés. — Cas où leur emploi est indispensable. — Plan de comparaison, sa situation. — Représentation du point. — Points différents ayant la même projection.

Manière de représenter une droite. — Cas où la droite est horizontale, verticale.

Manière de représenter les plans. — Horizontales équidistantes, échelle de pente. — Circonstances dans lesquelles on emploie l'une ou l'autre de ces méthodes. — Plans horizontaux et verticaux.

Manière de représenter les surfaces courbes. — Courbes horizontales équidistantes. — Génération de la surface dans le cas d'un terrain. — Ligne de plus grande pente.

Problèmes. — Une droite étant donnée par sa projection et les cotes de deux de ses points, trouver : 1° la cote d'un autre point de cette droite dont on donne la projection : 2° la projection d'un point de cette droite dont on donne la cote ; 3° les projections des points de cette droite cotés en nombres ronds ; 4° l'inclinaison de la droite avec l'horizon.

Etant donnée une droite par sa projection, la cote d'un de ses points et son inclinaison à l'horizon, trouver les points de cette droite cotés en nombres ronds.

Mener par un point une parallèle à une droite donnée.

Un plan étant donné, trouver la cote d'un de ses points dont on connaît la projection, et réciproquement.

Trouver l'échelle de pente d'un plan dont on connaît trois points. — Même problème, lorsque le plan est donné par deux points et son inclinaison à l'horizon, ou par un point, l'inclinaison du plan à l'horizon et la direction des horizontales.

Par un point donné, tracer sur un plan une droite d'une inclinaison donnée.

Trouver l'intersection de deux plans. — Caractère des arêtes et gouttières.

Une surface courbe étant donnée par ses horizontales, trouver la cote d'un point dont on connaît la projection. Réciproquement trouver l'intersection d'un plan et d'une surface.

Tracer, à partir d'un point donné sur une surface connue par ses horizontales, une courbe d'une inclinaison constante et donnée avec le plan horizontal.

TOPOGRAPHIE ET LEVERS.

Définitions. — Opérations essentielles de tout lever. — Principe fondamental de la planimétrie. — Echelles.

Instruments en usage pour mesurer les distances. — Chaînes, règles divisées, fil à plomb, niveau de maçon. — Méthodes à suivre pour mesurer, à l'aide de ces instruments, les distances soit horizontales, soit verticales.

Marche générale à suivre dans l'exécution d'un lever topographique. — Du polygone, du canevas. — Comment on fait un lever. — Méthode par la décomposition des polygones en triangles ; par intersections ; par cheminement.

Lever au mètre, au mètre et à l'équerre d'arpenteur. — Arpentage.

Lever à la planchette. — Description et usage de cet instrument. — Lever à la planchette par la méthode des cheminements, des intersections. — Etablissement de la base. — Avantages et applications diverses de la planchette : tracé de la méridienne par la méthode des ombres égales. — Lever de reconnaissance.

Lever à la boussole. — Description et usage de cet instrument. — Registre des opérations sur le terrain. — Opérations graphiques. — Orientation des dessins.

Lever de bâtiment. — Plans, coupes, élévations, profils. — Conventions adoptées. — Dessins généraux et de détails. — Instruments en usage. — Croquis cotés. — Opérations du lever proprement dit. — Méthode d'exécution des dessins définitifs.

Nivellement. — Surfaces de niveau. — Surfaces de comparaison. — Altitudes. — Sondes. — Niveau apparent. — Plan de comparaison. — Niveau de maçon. — Niveau à bulle d'air. — Niveau d'eau. — Niveau collimateur. — A quoi se réduit le problème du nivellement. — Registre des opérations, leur vérification. — Repères. — Nivellement des détails.

Suite du nivellement. — Nivellement par profils, par courbes horizontales. — Détermination des coupes horizontales au moyen de profils. — Nivellement des terrains plats. — Attachement des déblais.

Exercices pratiques sur l'application des méthodes et l'usage des instruments.
Exercices sur le terrain.

DESSIN.

Dessin d'ornement. — Dessin linéaire, comprenant : des croquis à main levée, des épures de géométrie descriptive, des croquis relatifs aux travaux, des dessins de fortification, de bâtiment, de topographie.

Cours spéciaux du deuxième degré.

(Pour les candidats suivant les cours du deuxième degré.)

GÉOMÉTRIE DESCRIPTIVE.

1° *Méthode de projection sur deux plans* (1).

Un plan étant donné, trouver les angles qu'il forme avec les plans de projection.

Deux plans étant donnés, construire l'angle qu'ils forment entre eux.

Deux droites qui se coupent étant données, construire l'angle qu'elles font entre elles.

Construire l'angle formé par une droite et par un plan donnés de position dans l'espace.

Problèmes relatifs aux plans tangents. — Définitions. — Définition de la surface cylindrique, conique. — Plan tangent au cylindre, au cône.

Problèmes. — Mener un plan tangent à une surface cylindrique ou à une surface conique :

1° Par un point pris sur la surface ;
2° Par un point pris hors de la surface ;
3° Parallèlement à une droite donnée.

Problèmes relatifs aux intersections de surfaces. — Construire la section faite sur la surface d'un cylindre droit et vertical par un plan perpendiculaire à l'un des plans de projection.

Construire l'intersection d'un cône droit par un plan perpendiculaire à l'un des plans de projection.

Problèmes relatifs aux ombres et à la coupe des pierres. —

---

(1) On s'appliquera à remplacer le plus possible les démonstrations raisonnées par des démonstrations parlantes, en s'aidant de plans de projection en bois, ainsi que des règles, planchettes et fil à plomb nécessaires.

Trouver l'ombre portée par une cheminée sur un toit en talus, donné par sa trace horizontale et sa pente.

2° *Méthode des projections cotées.*

Problèmes sur les droites et les plans. — Trouver l'intersection d'une droite et d'un plan.

Par un point donné, mener une parallèle à un autre plan.

Par deux droites données non parallèles et qui ne se coupent pas, faire passer deux plans parallèles entre eux.

Problèmes relatifs aux surfaces courbes. — Trouver l'intersection de deux surfaces ; d'une droite et d'une surface.

Par un point donné sur une surface, mener un plan tangent à cette surface. — Cas dans lequel le plan est supérieur ou inférieur, ou en partie supérieur et en partie inférieur à la surface.

Par une droite donnée, faire passer un plan tangent à une surface. — Cas où la droite donnée est horizontale.

Mener un plan tangent à une surface par un point donné pris hors de cette surface.

Exercices graphiques.

TOPOGRAPHIE ET LEVERS.

Représentation des formes du terrain. — Cartes topographiques.

Lecture de la carte de l'état-major.

Levers à vue. — Reconnaissances militaires.

Exercices sur le terrain.

DESSIN.
(Même programme qu'au cours spécial du premier degré.)

Les règles données dans l'instruction provisoire pour l'organisation des cours du premier et du deuxième degré sont applicables aux cours spéciaux, particuliers aux écoles du génie, sous les réserves ci-après :

Chaque cours spécial comporte, en principe, deux séances par semaine.

A partir du 1ᵉʳ juin, pour le cours spécial du premier degré, et à partir du 1ᵉʳ avril et pendant la période de revision pour le cours spécial du deuxième degré, les candidats exécutent les exercices pratiques de topographie, et continuent à s'entretenir dans la pratique du dessin.

Le tableau ci-dessous donne, à titre de simple indication,

la répartition des séances entre les diverses matières prévues au programme d'enseignement des cours spéciaux :

	COURS SPÉCIAL		TOTAUX.
	du 1er degré.	du 2e degré.	
Géométrie descriptive...	15	10	25
Topographie et levers...	15	5	20
Dessin................	45	40	85
	(jusqu'au 1er juin).	(jusqu'au 1er avril).	
TOTAUX........	75	55	130

NOTA. — Les professeurs civils, actuellement en service dans les écoles du génie, participent à l'enseignement donné dans ces établissements au titre des cours spéciaux.

G. PICQUART.

Circulaire relative à l'enseignement de la physique et de la chimie dans les cours préparatoires aux écoles de sous-officiers élèves officiers.

Paris, le 21 juillet 1908.

L'instruction provisoire du 27 juin 1908 (*B. O.*, P. R., p. 1168) a déterminé les conditions dans lesquelles seront organisés à l'avenir les cours du premier et du deuxième degré destinés à préparer des candidats aux écoles de sous-officiers élèves officiers.

Aux termes de cette instruction (art. 2, 11 et 12), les commandants d'armes ou les chefs de corps, suivant le cas, ont à organiser, à partir du 1er octobre prochain, l'enseignement de la physique et de la chimie dans les cours du deuxième degré.

Le Ministre de l'instruction publique et des beaux-arts a bien voulu prêter le concours de son Département pour faciliter l'organisation de cet enseignement, et il a adressé à cet effet à la date du 22 juin dernier, à MM. les recteurs des académies, la circulaire reproduite ci-dessous :

« M. le Ministre de la guerre vient de m'informer que le programme des cours régimentaires, préparant aux examens d'admission des écoles d'élèves officiers, comportera, à partir du mois d'octobre 1908, l'enseignement de la physique et de la chimie. Cet enseignement doit se réduire à des notions élémentaires sur les propriétés principales des corps les plus importants. Mais, comme il constitue, même ainsi limité, une innovation à peu près complète dans l'armée, la plupart des écoles régimentaires se trouvent actuellement dénuées des ressources matérielles nécessaires pour lui donner la base expérimentale sans laquelle il ne saurait avoir de valeur.

« Plusieurs commandants d'armes ou chefs de corps se sont déjà mis en rapport avec des chefs d'établissements d'instruction publique en vue de l'organisation de l'enseignement dont il s'agit.

« Partout le meilleur accueil a été fait à ces ouvertures et plusieurs lycées et collèges ont mis à la disposition des sous-officiers candidats soit leurs professeurs, soit leurs cabinets de physique et leurs laboratoires de chimie, sous réserve de l'autorisation de l'administration supérieure, qui ne leur a jamais fait défaut.

« J'estime, avec mon collègue de la guerre, que des concours de ce genre pourraient rendre à l'armée de précieux services, surtout pendant la période où les cours régimentaires achèveront de s'organiser et de s'outiller en vue du nouvel enseignement, et qu'il y a lieu de les généraliser. J'ai donc décidé que les lycées, collèges et écoles primaires supérieures devront donner, dans la mesure du possible, satisfaction aux demandes qui leur seraient faites à cet effet par les services militaires locaux.

« Il est bien entendu qu'il s'agit seulement de mettre à la disposition des élèves militaires le matériel de physique et de chimie et les locaux d'enseignement, de manière à ne gêner en rien le fonctionnement des établissements scolaires.

« L'enseignement sera donné, en principe, par des officiers ; le concours des fonctionnaires de l'instruction publique, quand il sera offert, devant rester entièrement volontaire et gracieux. Toutefois les expériences devront toujours être faites en présence d'un professeur ou d'un préparateur de l'établissement. Il est d'ailleurs entendu que les frais d'expérience et autres dépenses de cours seront supportés par les corps de troupes intéressés.

« Enfin l'application de la mesure dont il s'agit sera subordonnée à une entente entre les commandants d'armes ou chefs de corps et les inspecteurs d'académie agissant de concert avec les chefs d'établissements d'instruction publique.

« Je suis certain que les candidats officiers trouveront l'accueil le plus dévoué dans ces établissements, et je vous prie de donner à ce sujet des instructions spéciales aux fonctionnaires placés sous vos ordres. »

En conséquence, les commandants d'armes, éventuellement les chefs de corps, devront se mettre en rapport avec les inspecteurs d'académie et avec les chefs d'établissements dépendant de l'instruction publique, pour assurer, de concert avec eux, dans les conditions fixées par la circulaire citée ci-dessus, l'organisation des cours de physique et de chimie des candidats aux écoles d'élèves officiers.

Mention spéciale de cette organisation sera faite dans les rapports visés par la circulaire du 27 juin 1908 (*B. O.*, P. R., p. 1166) qui doivent être adressés au Ministre (Cabinet) les 1er novembre 1908 et 1er juillet 1909.

G. PICQUART.

Circulaire relative à la préparation, aux écoles de sous-officiers élèves officiers, des candidats appartenant à des bataillons ou compagnies du génie détachés.

Paris, le 29 septembre 1908.

L'instruction provisoire du 27 juin 1908 (*B. O.*, P. R., p. 1168) a fixé les règles à suivre pour la préparation des candidats aux écoles de sous-officiers élèves officiers, et a donné, dans son annexe n° 3, le programme des cours spéciaux du 1er et du 2e degré à organiser, dans les écoles du génie, pour l'enseignement de la géométrie descriptive, du dessin et de la topographie.

En ce qui concerne les bataillons et compagnies du génie détachés, la question s'est posée de savoir s'il y a lieu d'organiser, le cas échéant, dans ces unités l'enseignement complémentaire dont il s'agit.

En raison des difficultés qu'entraînerait, dans la plupart des cas, l'organisation de cours spéciaux dans les détachements, et eu égard au petit nombre des candidats, la question ci-dessus visée doit être résolue par la négative.

En conséquence, il ne sera pas organisé de cours spéciaux du 1er et du 2e degré dans les bataillons et compagnies du génie détachés. Les gradés qui désirent prendre part ultérieurement aux concours pour l'admission aux écoles de Versailles ou de Vincennes (sections du génie) seront, sur leur demande, envoyés à la portion centrale de leur régiment pour y suivre, dans les conditions prévues par l'instruction du 27 juin 1908, les cours de l'école du génie, et remplacés dans le bataillon ou la compagnie détachés par des gradés provenant de cette portion centrale.

IVᵉ PARTIE.

Dispositions spéciales au temps de guerre.

Instruction réglant pour toutes les armes les conditions d'admission aux cours d'élèves aspirants et l'organisation de ces cours.

(Etat-Major de l'Armée; Bureau de l'Instruction générale
de l'Armée.)

Paris, le 11 avril 1918.

A dater du 15 avril 1918, les règles suivantes communes à toutes les armes seront appliquées pour l'admission aux cours d'élèves aspirants et pour l'organisation de ces cours.

I. — Recrutement des élèves aspirants.

Les élèves aspirants proviennent :
Soit des candidats de l'intérieur;
Soit des candidats des armées.

Candidats de l'intérieur.

A l'intérieur, les élèves aspirants se recrutent :
a) Parmi les engagés volontaires;
b) Parmi les jeunes soldats de la plus jeune classe incorporée;
c) Parmi les sous-officiers, caporaux (brigadiers) et soldats présents dans les dépôts appartenant aux classes actives et, exceptionnellement, aux classes plus anciennes jusqu'à concurrence de un dixième de l'effectif admis, comptant au moins dix mois de services, dont trois dans une unité combattante,

ayant subi avec succès les épreuves d'un concours.

Candidats des armées.

Aux armées, les élèves aspirants se recrutent parmi les sous-officiers, caporaux (brigadiers) et soldats des classes visées au paragraphe c) ci-dessus, comptant au moins quinze mois de services, dont trois dans une unité combattante, et possédant l'instruction générale et l'aptitude au commandement requises pour être nommés ultérieurement officiers.

II. — Conditions d'admission aux cours d'élèves aspirants des candidats de l'intérieur.

A. — *Organisation des concours.*

1. — Périodicité des concours.

Il sera organisé au minimum deux concours par an.

Dans tous les cas, un concours devra avoir lieu obligatoirement à l'expiration du quatrième mois qui suit l'incorporation de chaque nouveau contingent.

La périodicité et les époques des concours seront fixées par les directions d'armes.

2. — Autorisation de concourir.

Les candidats ne peuvent être autorisés à prendre part qu'à un seul concours.

Les autorisations de concourir sont délivrées par les généraux commandants de régions (1).

Exceptionnellement les militaires qui, qualifiés pour prendre part normalement à un concours, s'en seraient trouvés empêchés par un cas de force majeure dûment constaté, pourront être autorisés à se présenter à un concours ultérieur s'ils sont présents à l'intérieur à l'époque de ce nouveau concours.

3. — Programme des connaissances exigées des candidats.

Le programme des connaissances exigées des candidats, variable suivant les armes, fera en tous cas une part importante aux connaissances générales, tout en réservant une part suffisante aux connaissances militaires acquises depuis l'incorporation.

4. — Classement des candidats.

Les candidats seront classés en fin de concours d'après le nombre total des points qu'ils auront obtenus (dans l'échelle de 0 à 20) aux diverses épreuves affectées des coefficients fixés au programme.

La liste des admis sera arrêtée par le Ministre (Direction d'Arme).

---

(1) Après avis du chef de corps aux armées, pour ceux des candidats de la catégorie c) visée au paragraphe 1er qui auraient accompli un séjour d'au moins trois mois dans une unité combattante aux armées.

B. — Dispositions spéciales aux engagés volontaires.

Les engagés volontaires candidats élèves aspirants qui, en raison de la date de leur engagement, n'ont pas pu participer à un concours normal pourront subir à l'expiration de leur quatrième mois d'instruction, avant leur départ pour les armées, un examen analogue au dernier concours d'élèves aspirants de leur arme.

Ceux d'entre eux qui obtiendront un nombre de points au moins égal à celui du dernier candidat admis au précédent concours seront désignés comme élèves aspirants et envoyés en cette qualité aux armées pour y accomplir le stage prévu au paragraphe C ci-après.

C. — Stage aux armées.

Les militaires désignés comme élèves aspirants à la suite des concours ou des examens spéciaux aux engagés volontaires accompliront en cette qualité, avant leur entrée aux cours d'élèves aspirants, un stage de cinq mois aux armées, dont trois dans une unité combattante (1).

Ceux d'entre eux qui, au cours de ce stage, ne feraient pas preuve des qualités militaires requises seront l'objet d'un rapport spécial de leur chef de corps qui pourra les proposer, soit pour une prolongation de stage de trois mois, soit pour la radiation de la liste des élèves aspirants.

Ce rapport revêtu de l'avis des chefs hiérarchiques sera transmis au Ministre (Direction d'Arme) qui statuera.

Les élèves aspirants qui auront été astreints au stage supplémentaire ci-dessus visé feront l'objet, à l'issue de ce stage, d'un nouveau rapport en vue soit de leur admission au cours d'élèves aspirants, soit de leur radiation définitive de la liste.

D. — Élèves des écoles militaires et civiles visées par l'article 13 de la loi du 7 août 1913.

Les élèves des écoles visées par l'article 13 de la loi du 7 août 1913 :

Ecole polytechnique,
Ecole spéciale militaire de Saint-Cyr,
Ecole normale supérieure,
Ecole nationale des eaux et forêts,

---

(1) A moins qu'ils ne l'aient déjà accompli antérieurement au concours.

sont dispensés du concours et admis d'office aux cours d'élèves aspirants.

Toutefois, les règles édictées par la présente instruction et relatives à l'obligation d'un stage préalable dans une unité combattante de leur arme et aux sanctions qui peuvent être la conséquence de ce stage sont entièrement applicables aux élèves de ces différentes écoles.

III. — CONDITIONS D'ADMISSION AUX COURS D'ÉLÈVES ASPIRANTS DES CANDIDATS DES ARMÉES.

Les candidats des armées sont désignés sans concours dans les conditions de l'article 1er ci-dessus par le général commandant en chef les armées du Nord et du Nord-Est ou le général commandant en chef les armées alliées en Orient et le commissaire résident général au Maroc, sur la proposition de leur commandant d'unité revêtue des avis des chefs hiérarchiques.

Le fait d'avoir pris part, sans succès, à un concours à l'intérieur ne doit pas être un motif d'exclusion.

Seront seuls exclus des propositions les candidats reçus à un concours de l'intérieur qui auraient été rayés ensuite de la liste des élèves aspirants à la suite de leur stage aux armées dans les conditions fixées au paragraphe C ci-dessus.

. Le degré d'instruction générale des candidats sera certifié par le chef de corps sans qu'il ait pour cela à procéder à un examen complet.

Dans le premier mois de leur présence au cours, les élèves aspirants subiront un examen probatoire sur les connaissances générales figurant au programme de l'intérieur.

Ceux d'entre eux qui ne satisferont pas à cet examen seront immédiatement renvoyés à leur unité aux armées.

IV. — DISPOSITIONS COMMUNES A TOUS LES CANDIDATS.

Les candidats élèves aspirants, soit de l'intérieur, soit des armées, doivent prendre l'engagement par écrit de renoncer éventuellement au bénéfice des affectations prévues par la loi du 10 août 1917, pour les membres des familles éprouvées.

Cet engagement doit être souscrit :

A l'intérieur, au moment où le candidat demande l'autorisation de participer à un concours d'élèves aspirants;

Aux armées, au moment où est établie la proposition par son commandant d'unité.

Il est d'ailleurs entendu que cet engagement deviendra caduc pour tous ceux qui n'obtiendraient pas le titre d'élève aspirant, ou qui, à l'issue des cours, ne seraient pas nommés aspirants.

Il sera également caduc pour ceux qui, après leur admission au cours d'élèves aspirants, par suite d'une modification imprévue dans leur situation de famille, désireraient profiter des dispositions de la loi; mais, dans ce cas, ces élèves aspirants seront déchus de leurs droits et renvoyés à leur corps en vue de suivre le sort réservé aux militaires de leur catégorie.

V. — ORGANISATION DES COURS D'ÉLÈVES ASPIRANTS.

1o Différentes catégories de cours.

Il est organisé en principe dans chaque arme des cours distincts :

a) Pour les élèves des écoles visées à l'article 13 de la loi du 7 août 1913;

b) Pour les autres élèves aspirants recrutés par voie de concours à l'intérieur;

c) Pour les élèves aspirants recrutés directement dans les armées.

Toutefois, exceptionnellement, les candidats des catégories *b)* et *c)* pourront être réunis au même cours si des nécessités spéciales d'instruction justifient cette mesure.

2e Périodicité des cours.

Les cours de la catégorie *a)* ont lieu une fois par an.

Ceux des catégories *b)* et *c)* ont lieu au moins deux fois par an.

3e Durée et dates des cours.

La durée des cours des trois catégories est en principe de cinq mois.

Les dates d'ouverture des cours sont fixées par le Ministre (Direction d'Arme).

4o Programme des cours et conditions de nomination au grade d'aspirant.

Les programmes des cours et les conditions à remplir par les élèves à la sortie pour être nommés aspirants sont fixés par les directions d'armes d'accord avec l'état-major de l'armée.

5o Sanctions.

A l'issue de chaque cours les élèves qui satisfont aux conditions fixées sont promus aspirants.

Ceux qui ne satisfont pas à ces conditions retournent aux armées avec leur grade.

Ils peuvent, toutefois, être nommés suivant le cas et s'ils ne l'étaient déjà sous-officiers, caporaux ou brigadiers, si l'effort produit pendant le cours est jugé suffisant par le jury d'examen pour justifier cette mesure.

Les élèves aspirants ne peuvent suivre qu'un seul cours.

Toutefois, si un élève-aspirant était obligé d'interrompre son cours pour un cas de force majeure, il peut être exceptionnellement autorisé par le Ministre (Direction d'Arme) à suivre un second cours.

VI. — DISPOSITIONS CONCERNANT LES ÉLÈVES DE L'ÉCOLE SPÉCIALE MILITAIRE.

Par analogie avec les dispositions arrêtées pour les E. A. de l'intérieur, les jeunes gens admis à l'École spéciale militaire entreront directement à l'École dès leur admission et feront les stages successifs ci-après :

1° Stage à l'École : 5 mois;

Stage aux armées : 2 mois dans un B. I.; 3 mois dans une unité combattante;

2° Stage à l'École : 8 mois.

Départ aux armées après le 2° stage.

De même que les E. A. de l'intérieur, les élèves de l'École seront nommés aspirants après 15 mois de service.

NOTA. — La présente instruction abroge toutes les dispositions antérieures relatives au recrutement ou au fonctionnement des cours d'élèves aspirants.

Circulaire relative à l'organisation de cours spéciaux pour élèves officiers d'administration du génie.

(Direction du Génie; Cabinet du Directeur.)

N° 13091 3/4.   Paris, le 7 juillet 1918.

I.

En vue d'assurer le recrutement des officiers d'administration du génie de l'armée active, interrompu depuis la mobilisation par suite de la suppression de l'École d'administration de Vincennes, l'organisation, pendant la durée des hostilités, d'un cours spécial pour élèves officiers d'administration du génie de l'armée active, a été décidée.

Ce cours sera organisé à Versailles et placé sous l'autorité du directeur du génie de cette place.

Sa durée sera de cinq mois environ, pour chaque série.

L'enseignement qui y sera donné comprendra une partie technique et une partie administrative, savoir :

Partie technique : construction des bâtiments et des ouvrages de fortification; matériaux employés en construction; matériels du génie; topographie et divers, etc...;

Partie administrative : organisation du service du génie; attributions des officiers et des officiers d'administration; comptabilité-finances et comptabilité-matières; marchés; service du casernement; domaine militaire; dispositifs de mine, etc...

II.

Pourront être admis à suivre ce cours spécial, après examen probatoire ayant pour objet de s'assurer que les candidats remplissent les conditions d'instruction générale voulues pour suivre avec fruit les cours dont il s'agit :

a) Les sous-officiers non astreints par la loi Mourier à servir dans les unités combattantes, c'est-à-dire ceux des classes 1895 et plus anciennes, ou ceux des classes plus jeunes qui justifieront d'un cas de dispense d'affectation aux unités combattantes;

b) Les militaires des catégories ci-après, devenus, par suite de blessures ou de maladie contractée ou aggravée aux armées, inaptes pour une année au moins à servir dans les armes combattantes : sous-lieutenants de toutes armes à titre temporaire, aspirants de toutes armes, adjudants-chefs, adjudants et employés militaires du génie assimilés (ouvriers d'état et adjudants d'administration) ayant au moins dix ans de services militaires effectifs.

Cet examen probatoire de connaissances générales comportera des épreuves écrites et des épreuves orales portant essentiellement sur les matières suivantes :

Histoire contemporaine de la France (1789 à nos jours).

Géographie (France et ses colonies, Europe).

Arithmétique (arithmétique élémentaire, proportions; problèmes d'alliage, d'intérêt, etc...).

Géométrie plane élémentaire et géométrie cotée.

III.

Pourront être admis à suivre ce cours, comme stagioires, les militaires des catégories ci-après :

c) D'office, sur désignation du Ministre, un petit nombre d'officiers d'administration de 3° classe du génie de l'armée active, nommés depuis le début des hostilités;

d) Sur demande individuelle agréée par le Ministre, un petit nombre d'officiers d'administration de complément de 3ᵉ classe du génie à titre temporaire. Les demandes dont il s'agit devront expressément mentionner l'intention des intéressés d'entrer dans le corps des officiers d'administration du génie de l'armée active;

e) Sur demande individuelle agréée par le Ministre, un petit nombre de sous-lieutenants de toutes armes à titre définitif, devenus inaptes par suite de blessures ou de maladie contractée ou aggravée aux armées et dont l'inaptitude à servir dans les armes combattantes sera de une année au moins.

Les stagiaires de cette dernière catégorie, qui auront suivi avec succès le cours dont il s'agit, pourront être détachés dans le service du génie pour y tenir des emplois d'officiers d'administration, mais ils ne pourront, le cas échéant, donner leur démission d'officier qu'à la fin des hostilités pour être titularisés dans le cadre des officiers d'administration du génie de l'armée active; en vue de sauvegarder leurs intérêts de carrière, ils prendraient rang, au moment de cette titularisation, du jour où ils auraient effectivement terminé leur stage au cours des E. O. A. du génie.

Les demandes d'admission au stage des sous-lieutenants à T. D. inaptes devront expressément mentionner l'intention des intéressés d'entrer, à la fin des hostilités, dans le corps des officiers d'administration du génie de l'armée active. Elles devront être accompagnées de toutes références utiles concernant l'instruction générale des candidats.

IV.

Les élèves qui auront subi avec succès les examens de sortie à l'issue des cours seront nommés, à titre temporaire, officiers d'administration de 3ᵉ classe du génie de l'armée active. Ils pourront être ultérieurement titularisés dans leur grade. La proportion des nominations au grade d'officier d'administration de

3ᵉ classe du génie à réserver à cette catégorie de personnel sera celle qui avait été prévue, pour le temps de paix, pour les sous-officiers élèves de l'Ecole d'administration militaire de Vincennes.

Les élèves qui, en fin de cours, n'auraient pas subi avec succès les examens de sortie, pourront, sur la proposition motivée du directeur du cours et l'avis de la commission de classement :

Ou être renvoyés à leur corps d'origine;

Ou, s'ils sont sous-officiers, être nommés adjudants d'administration du génie;

Ou, exceptionnellement, être proposés pour suivre une nouvelle série de cours, s'ils sont reconnus susceptibles d'être nommés, par la suite, officiers d'administration du génie.

V.

La commission de classement des candidats à la sortie du cours sera composée ainsi qu'il suit :

Un officier supérieur du génie, président;

Un officier et un officier d'administration du génie, membres.

Elle sera désignée, par le Ministre, pour chacune des séries.

VI.

Les élèves officiers d'administration du génie seront administrés par le 21ᵉ régiment du génie. Les officiers stagiaires seront considérés comme détachés à la chefferie du génie de Versailles.

VII.

La date d'ouverture du cours dont il s'agit, ainsi que le nombre de candidats à y admettre, feront l'objet, en temps utile, d'une circulaire ministérielle.

Cette circulaire fixera, en outre, les dates auxquelles les demandes des candidats élèves et celles des candidats stagiaires devront parvenir à l'administration centrale.

Circulaire réglant les conditions d'admission aux prochains cours d'élèves officiers et d'élèves aspirants pour diverses spécialités de l'artillerie.

(Direction de l'Artillerie; Organisation et Mobilisation. 2e Section.)

Paris, le 10 juillet 1918.

Des séries de cours pour assurer le recrutement des officiers et aspirants pour diverses spécialités de l'artillerie s'ouvriront :

1° Au centre d'organisation de la *voie de $0^m,60$*;

2° Au centre d'organisation d'artillerie automobile pour les *mécaniciens d'artillerie automobile.*

Chaque série comprendra deux divisions, savoir:

Un *cours de perfectionnement* pour les sous-officiers *élèves officiers.*

Un *cours d'instruction* pour les sous-officiers, brigadiers et canonniers *élèves aspirants.*

3° A l'Ecole militaire de l'artillerie pour les *officiers d'administration du service de l'artillerie.*

Pour cette dernière catégorie, chaque série comprendra seulement un *cours de perfectionnement d'élèves officiers.*

Conditions générales à remplir par tous les candidats.

Les candidats (service armé ou service auxiliaire, aptes à servir aux armées) ne pourront être proposés que pour une seule spécialité. Ils devront prendre l'engagement écrit de renoncer éventuellement au bénéfice des affectations prévues par la loi du 10 août 1917 pour les membres des familles éprouvées. Cet engagement sera énoncé explicitement dans la demande d'admission au concours.

Il est entendu d'ailleurs que cet engagement deviendra caduc pour tous ceux qui, n'ayant pu satisfaire aux examens de fin de cours, ne seraient pas nommés sous-lieutenants ou aspirants. Il sera également caduc pour ceux qui, après leur admission au cours, par suite d'une modification imprévue dans leur situation de famille, désireraient profiter des dispositions de la loi; mais, dans ce cas, ces élèves seront déchus de leurs droits et renvoyés à leur corps en vue de suivre le sort réservé aux militaires de leur catégorie.

Tous les candidats devront :

1° Etre jugés susceptibles de devenir officiers d'artillerie;

2° Avoir servi aux armées pendant *dix mois au moins* à la date du 1er septembre 1918.

Les candidats élèves officiers devront réaliser *au moins dix mois* de grade de sous-officier à la date du 1er septembre 1918.

Les candidats élèves aspirants, s'ils sont sous-officiers, ne pourront être proposés que s'ils ont moins de dix mois de grade de sous-officier à la date du 1er septembre 1918.

Les militaires ayant déjà suivi, sans avoir satisfait (note inférieure à 12), un cours pour une de ces spécialités, ne pourront pas être à nouveau proposés.

Deux semaines après leur arrivée aux cours, les élèves subiront un examen probatoire de connaissances générales portant sur les matières suivantes :

Arithmétique. — Arithmétique élémentaire, proportions, problèmes d'alliages, d'intérêts, etc...

Algèbre. — Algèbre élémentaire jusqu'aux problèmes du 2° degré inclus.

Géométrie. — Géométrie plane élémentaire,

Dessin. — Notions de dessin graphique, exécution d'un croquis coté.

Mécanique. — Notions élémentaires de mécanique.

Ceux d'entre eux qui ne satisferont pas à cet examen seront immédiatement rayés des cours.

Conditions particulières pour chaque spécialité.

1° *Centre d'organisation de la voie dé 0m,60.* — Les candidats doivent *être nés avant le 1er janvier 1893.*

Les cours comprennent deux branches (Exploitation-traction et construction).

Pour l'exploitation-traction, sont particulièrement indiqués les candidats ayant une instruction orientée vers la mécanique.

Pour la construction, seront choisis les candidats ayant eu à faire des levers topographiques ou à diriger des travaux publics. etc...

2° *Mécaniciens d'artillerie automobile.* — Les candidats doivent être nés avant le 1er janvier 1893, appartenir depuis au moins *six mois*, à la date du 1er septembre 1918, à une formation d'artillerie automobile et posséder de sérieuses connaissances en mécanique automobile. L'état de proposition indiquera si l'intéressé est titulaire du permis de conduire.

Pour les deux spécialités ci-dessus, les candidats seront choisis de préférence parmi les anciens élèves des écoles des mines, d'électricité, d'arts et métiers ou professionnelles, les mécaniciens-constructeurs, industriels, agents voyers, etc...

3° *Officiers d'administration du service de l'artillerie.* — Les candidats doivent appartenir à une classe de la *réserve de l'armée territoriale.* Ceux du cadre actif doivent être en possession du grade d'adjudant-chef, adjudant ou assimilé et compter au moins dix ans de services militaires effectifs à la date du 1ᵉʳ septembre 1918.

Ils peuvent être proposés pour les spécialités de *comptables* ou d'*artificiers.*

Les candidats comptables seront choisis parmi ceux qui semblent aptes en raison de leurs occupations antérieures.

Les candidats artificiers doivent posséder le certificat d'aptitude à l'emploi de chef artificier délivré par l'Ecole centrale de pyrotechnie de Bourges.

Désignation des candidats.

Le nombre des candidats à admettre et la date d'ouverture de la première série de chacun des cours seront notifiés en temps utile à M. le Général commandant en chef les armées du Nord et du Nord-Est, à M. le Général commandant en chef les armées alliées en Orient et à M. le Commissaire résident général de France au Maroc, qui adresseront au ministère de la guerre (Direction de l'Artillerie), pour le 10 septembre 1918, les listes et les dossiers des candidats qu'ils auront désignés. En vue de l'organisation des séries suivantes, ils enverront en même temps les listes complètes des candidats qu'ils auront retenues, établies séparément pour chacune des spécialités et distinctes pour les élèves officiers et les élèves aspirants. Les propositions pourront être présentées sans limitation de nombre.

Mise en route des candidats désignés.

Lors de leur mise en route sur le cours pour lequel ils auront été désignés, les élèves devront être pourvus, par les soins de leur chef de corps, de leur livret matricule et d'une note faisant ressortir leur manière de servir pendant la campagne et indiquant en outre leur situation au point de vue de la permission de détente. Ils remettront ces pièces au commandant du cours.

Ils seront équipés par les soins de leur unité, en tenue de campagne, et munis d'une double collection de linge.

Au centre qu'ils auront rejoint, ils toucheront une seconde paire de chaussures et une seconde tenue d'effets de drap (sauf le manteau).

Les commandants des dépôts auxquels comptent ces militaires enverront au commandant du cours, à une date aussi rapprochée que possible de l'ouverture du cours, l'état signalétique et des services de chaque candidat.

Tous les militaires désignés continueront de compter jusqu'à nouvel ordre à leur corps d'origine et seront pris en subsistance par le centre sur lequel ils auront été dirigés. Ils pourront être remplacés à leur unité dès leur départ pour le cours.

Il sera rendu compte par la voie hiérarchique, au ministère de la guerre (Direction de l'Artillerie), au cas où certains des militaires désignés n'auraient pas pu être mis en route.

Candidats se trouvant dans les dépôts ou formations de l'intérieur.

Les titres des candidats se trouvant dans les dépôts ou formations de l'intérieur pour une cause indépendante de leur volonté et remplissant les conditions imposées aux candidats des armées seront examinés par le Ministre de la guerre (Direction de l'Artillerie) sur propositions établies par les généraux commandants de régions ou par les commandants des formations intéressées. Les états de propositions établis dans les conditions indiquées pour les armées, fusionnés et accompagnés de toutes pièces justificatives utiles, devront parvenir au ministère de la guerre (Direction de l'Artillerie), le 10 septembre 1918 au plus tard. Les militaires dont la candidature aura été retenue seront avisés en temps utile.

Circulaire réglant les conditions d'admission des sous-officiers d'artillerie candidats officiers aux prochains cours de perfectionnement.

(Direction de l'Artillerie; Organisation et Mobilisation, 2ᵉ Section.)

Paris, le 17 août 1918.

Les sous-officiers d'artillerie appartenant aux armées françaises, remplissant les conditions ci-après fixées et susceptibles de devenir officiers, pourront être désignés par M. le Général commandant en chef les armées du Nord et du Nord-Est, M. le Général commandant en chef les armées alliées en Orient, ou M. le Commissaire résident général de France au Maroc, pour suivre un cours de perfectionnement d'une durée de deux mois et demi environ.

CONDITIONS A REMPLIR PAR TOUS LES CANDIDATS.

Les candidats devront prendre l'engagement écrit de renoncer éventuellement au bénéfice des affectations prévues par la loi du 10 août 1917 pour les membres des familles éprouvées. Cet engagement sera énoncé explicitement dans la demande de proposition.

Il est entendu d'ailleurs qu'il deviendra caduc pour tous ceux qui, n'ayant pu satisfaire aux examens de fin de cours, ne seraient pas nommés sous-lieutenants.

Il sera également caduc pour ceux qui, après leur admission au cours, par suite d'une modification imprévue dans leur situation de famille, désireraient profiter des dispositions de la loi; mais, dans ce cas, ces élèves seront déchus de leurs droits et renvoyés à leur corps en vue de suivre le sort réservé aux militaires de leur catégorie.

Ils devront réaliser *au moins dix mois de grade de sous-officier et douze mois de services effectifs aux armées pour le 1er octobre 1918.* Ces limites sont impératives et aucune proposition pour des candidats n'atteignant pas cette ancienneté ne sera retenue.

Ceux de l'*artillerie de tranchée* bénéficieront d'une majoration d'ancienneté de deux mois, à la condition qu'ils aient servi, pendant trois mois au moins, comme chef de pièce dans l'artillerie de tranchée, c'est-à-dire qu'ils pourront être proposés à *huit mois de grade au 1er octobre 1918.*

Les candidats de l'*artillerie coloniale* ayant accompli depuis le 2 août 1914 un séjour de *trente mois dans une colonie* autre que le Maroc bénéficieront, pour l'admission au cours, d'une majoration d'ancienneté de deux mois et d'une majoration de présence aux armées de six mois, à la condition qu'ils aient servi, pendant trois mois au moins, comme chef de pièce dans une batterie de tir, c'est-à-dire qu'ils pourront être proposés à *huit mois de grade et six mois de services effectifs aux armées le 1er octobre 1918.*

Les sous-officiers ayant été éliminés aux examens probatoires des cours de perfectionnement ou ayant déjà suivi un cours de perfectionnement de sous-officiers élèves officiers d'artillerie sans avoir satisfait (note inférieure à 12) ne pourront pas être à nouveau proposés.

Le fait d'avoir suivi sans succès un cours d'instruction d'élèves aspirants ou un cours complémentaire d'élèves officiers ne sera pas un motif d'exclusion des propositions pour le cours de perfectionnement de sous-officiers élèves officiers.

Deux semaines après leur arrivée au cours, les élèves subiront un examen probatoire de connaissances générales portant sur les matières suivantes :

Arithmétique. — Arithmétique élémentaire, proportions, problèmes d'alliages, d'intérêts, etc.

Algèbre. — Algèbre élémentaire.

Géométrie. — Géométrie plane élémentaire.

Ceux d'entre eux qui ne satisferont pas à cet examen seront immédiatement renvoyés aux armées.

DÉSIGNATION DES CANDIDATS.

Le nombre des candidats à admettre et la date d'ouverture du prochain cours seront notifiés en temps utile à M. le Général commandant en chef les armées du Nord et du Nord-Est, à M. le Général commandant en chef les armées alliées en Orient et à M. le Commissaire résident général de France au Maroc, qui adresseront au ministère de la guerre (Direction de l'Artillerie), pour le 20 septembre 1918, les listes et les dossiers des candidats qu'ils auront désignés. En vue de l'organisation des séries suivantes, ils enverront en même temps la liste complète des candidats qu'ils auront retenus.

Les propositions pourront être présentées sans limitation de nombre.

MISE EN ROUTE DES CANDIDATS DÉSIGNÉS.

Lors de leur mise en route sur le cours, les élèves devront être pourvus, par les soins de leur chef de corps, de leur livret matricule et d'une note faisant ressortir leur manière de servir pendant la campagne et indiquant en outre leur situation au point de vue de la permission de détente. Ils remettront ces pièces au commandant du cours.

Ils seront équipés par les soins de leur unité en tenue de campagne et munis d'une double collection de linge.

Au cours de perfectionnement, ils toucheront une seconde paire de chaussures et une seconde tenue d'effets de drap (sauf le manteau).

Les commandants des dépôts auxquels comptent ces militaires enverront au commandant du cours, à une date aussi rapprochée que possible de l'ouverture du cours, l'état signalétique et des services de chaque candidat.

Tous les militaires désignés continueront de compter jusqu'à nouvel ordre à leur corps d'origine et seront pris en subsistance par le cours de perfectionnement. Ils pourront être remplacés à leur unité dès leur départ pour le cours.

Il sera rendu compte par la voie hiérarchique, au ministère de la guerre (Direction de l'Artillerie), au cas où certains des militaires désignés n'auraient pas pu être mis en route.

CANDIDATS SE TROUVANT DANS LES DÉPOTS OU FORMATIONS DE L'INTÉRIEUR.

Les titres des candidats se trouvant dans les dépôts ou formations de l'intérieur pour une cause indépendante de leur volonté et remplissant les conditions imposées aux candidats des armées seront examinés par le Ministre de la guerre (Direction de l'Artillerie) sur propositions établies par les généraux commandants de régions ou par les commandants des formations intéressées. Les états de propositions établis dans les conditions indiquées pour les armées, fusionnés et accompagnés de toutes pièces justificatives utiles, devront parvenir au ministère de la guerre (Direction de l'Artillerie) le 15 septembre 1918 au plus tard. Les militaires dont la candidature aura été retenue seront avisés en temps utile.

Circulaire réglant l'admission aux cours d'élèves aspirants d'artillerie.

(Direction de l'Artillerie; Organisation et Mobilisation, 2ᵉ Section.)

Paris, le 27 août 1918.

Des cours d'élèves aspirants d'artillerie pour *les candidats de l'intérieur* et pour *les candidats des armées* seront organisés dans les conditions ci-après fixées :

TITRE Ier

Candidats de l'intérieur.

A. — CONCOURS POUR L'OBTENTION DU TITRE D'ÉLÈVE ASPIRANT D'ARTILLERIE.

1° Désignation des candidats.

Pourront être admis sur leur demande écrite à poser leur candidature à ce concours les militaires comptant dans les dépôts ou formations d'artillerie de l'intérieur, à la date du 10 *septembre* 1918, appartenant aux catégories suivantes, et n'ayant pas déjà pris part à un concours d'élèves aspirants d'artillerie de l'intérieur, ou suivi sans succès un cours d'élèves aspirants d'artillerie, ou été éliminés aux examens probatoires de ces cours :

a) Engagés volontaires et récupérés de toutes classes et de toutes armes (y compris les hommes du service auxiliaire passés dans le service armé), incorporés ou passés dans le service armé depuis le 1er *juin* 1918;

b) Sous-officiers, brigadiers ou canonniers, réalisant au moins dix mois de service, dont trois mois dans une unité combattante

En outre, exceptionnellement, les militaires qui, qualifiés pour prendre part au concours des 14 et 15 juin 1918, s'en seraient trouvés empêchés pour un cas de force majeure dûment constaté. L'admission définitive des candidats de cette catégorie sera, en dehors des notes qu'ils auront obtenues, l'objet d'une décision ministérielle basée sur un rapport spécial à établir à cet effet.

2° Autorisation de concourir.

Les autorisations de concourir seront délivrées par les généraux commandants de régions (1). Pour les militaires de la catégorie *b*) cette autorisation ne deviendra définitive qu'après réception de l'avis du chef de corps sous les ordres duquel l'intéressé a servi aux armées.

----

(1) Pour les candidats se trouvant dans les centres d'organisation ou dans les groupements d'instruction d'artillerie les autorisations de concourir seront accordées par les directeurs de ces centres.

Le concours a pour objet de sélectionner les militaires qui paraissent plus particulièrement qualifiés pour recevoir une instruction militaire supérieure; les refus d'autorisation de concourir ne devront être prononcés qu'à l'égard de candidats dont les prétentions seraient nettement injustifiées.

Les candidats devront prendre l'engagement de renoncer éventuellement au bénéfice des affectations prévues par la loi du 10 août 1917 pour les membres des familles éprouvées. Cet engagement sera énoncé explicitement dans la demande d'admission au concours. Il est d'ailleurs entendu qu'il deviendra caduc pour tous ceux qui n'obtiendraient pas le titre d'élève aspirant ou qui, à l'issue des cours, ne seraient pas nommés aspirants. Il sera également caduc pour ceux qui, après leur admission dans les pelotons d'instruction, par suite d'une modification imprévue dans leur situation de famille, désireraient profiter des dispositions de la loi, mais, dans ce cas, ces élèves seront déchus de leurs droits et renvoyés à leur dépôt en vue de suivre le sort réservé aux militaires de leur catégorie.

3° Programme des compositions.

Emploi des signaux Morse. — Lecture d'un texte, thème, version (sans manipulation d'appareil).

Histoire. — France et Europe à partir de 1789.

Géographie. — France et Europe. Colonies françaises.

Arithmétique. — Arithmétique élémentaire, proportions, problèmes d'alliage, d'intérêts, etc.

Algèbre. — Algèbre élémentaire, jusqu'aux problèmes du 2e degré inclus.

Géométrie. — Géométrie plane élémentaire.

4° Classement des candidats.

Les candidats seront classés en fin de concours d'après le nombre total de points qu'ils auront obtenus dans l'échelle de 0 à 20, aux diverses épreuves affectées des coefficients ci-après :

1° Épreuves écrites :

	Coefficient.
Emploi des signaux Morse....................	1
Composition française.........................	4
Composition d'histoire et géographie...........	4
Composition d'arithmétique	4
Composition d'algèbre et géométrie............	8
2° Aptitude au commandement......................	5

Les candidats de la catégorie *b*) feront l'objet d'un classement spécial. Quel que soit le total des points obtenus par chacun d'eux pendant les épreuves, le nombre des candidats admis de cette catégorie appartenant aux classes plus anciennes que les classes actives, ne devra pas dépasser un dixième de l'ensemble des candidats reçus dans ladite catégorie.

5° Organisation des épreuves écrites.

Les épreuves écrites auront lieu les 27 et 28 septembre 1918, au siège du commandement des dépôts d'artillerie (1) où toutes mesures utiles seront prises pour la mise en subsistance des candidats et l'installation matérielle des salles de compositions, aux dates suivantes :

Vendredi 27 septembre : de 7 heures à 9 heures et demie, emploi des signaux Morse et composition française ; de 13 heures à 15 heures, histoire et géographie.

Samedi 28 septembre : de 7 heures à 9 heures, arithmétique; de 13 heures à 17 heures, algèbre et géométrie.

Tous les candidats partant de leur dépôt devront être rendus aux lieux de composition dans la matinée du 25 septembre 1918.

6° Police des examens.

Les sujets de compositions seront adressés par le Ministre de la guerre (Direction de l'Artillerie), sous plis cachetés à ouvrir en présence des candidats par l'officier chargé de la surveillance de l'examen, aux jours et heures fixés ci-dessus.

Les compositions seront faites sur feuilles à en-tête imprimé envoyées du ministère.

A l'issue de chaque épreuve, les compositions des candidats seront mises par l'officier surveillant sous pli cacheté portant extérieurement l'indication du lieu et de la nature de la composition.

---

(1) Les candidats des régiments à pied concourront au siège du commandement des dépôts de l'artillerie auquel ces régiments sont rattachés. Néanmoins, les candidats du dépôt du 8° à pied (Epinal) concourront au siège du commandement des dépôts d'artillerie de la 7° région (Besançon); les candidats de l'Afrique du Nord, à Alger. Les candidats de l'artillerie coloniale concourront avec ceux de l'artillerie métropolitaine de la région où stationne leur dépôt.

Les candidats se trouvant dans des formations de l'intérieur concourront avec ceux de la région sur laquelle se trouve stationnée la formation.

Les candidats se trouvant dans des centres d'organisation ou dans des groupements d'instruction d'artillerie concourront dans ces centres.

Ces plis seront expédiés le jour même, par l'intermédiaire des généraux commandant les régions, au ministère de la guerre (Direction de l'Artillerie) où s'effectuera la correction des compositions.

Une instruction, destinée aux officiers surveillants, sera adressée en temps utile.

7° Note d'aptitude au commandement.

Tous les candidats ayant pris part aux épreuves écrites seront rassemblés, vers le 5 octobre 1918, dans des groupes d'instruction.

Lors de leur mise en route, les commandants de dépôts adresseront au commandant du groupe d'instruction un dossier M^{le} A comprenant la demande d'admission au concours, une note indiquant leur appréciation sur le candidat et, s'il y a lieu, les notes obtenues par le candidat pendant son séjour aux armées. Pour les candidats ayant servi aux armées pendant *cinq mois au moins, dont trois mois dans une unité combattante*, une mention spéciale, signée par le candidat, figurera en caractères apparents sur la première page du dossier.

La note d'aptitude au commandement sera attribuée pendant la deuxième quinzaine du mois de *novembre* 1918. Basée, d'une part, sur les connaissances militaires acquises par l'intéressé depuis son incorporation; d'autre part, sur sa tenue générale et son aptitude à recevoir l'instruction intensive de l'Ecole militaire de l'artillerie, elle sera la moyenne des notes du commandant du groupe d'instruction et du directeur du centre dont dépendra le candidat. L'ensemble des notes figurera sur le dossier modèle A. La note moyenne sera inscrite à l'encre rouge.

8° Listes et états à fournir.

Afin d'assurer l'envoi en temps utile des imprimés nécessaires pour l'exécution des épreuves écrites, les généraux commandant les régions et les directeurs des centres d'organisation d'artillerie feront connaître au ministère de la guerre (Direction de l'Artillerie), pour le 12 *septembre*, le nombre approximatif des candidats prenant part au concours.

Ils adresseront, pour le 29 *septembre*, la liste dans l'ordre alphabétique des candidats autorisés à concourir.

Les directeurs des centres d'organisation adresseront, pour le 1er *décembre* 1918, au ministère de la guerre (Direction de l'Artillerie), sous bordereaux formant listes récapitulatives dans l'ordre alphabétique, les dossiers modèle A des candidats. Les bordereaux seront distincts pour chacune des catégories visées au paragraphe 1er.

9° Publication de la liste d'admission.

Les candidats ayant subi avec succès les épreuves du concours recevront le titre d'élève aspirant d'artillerie. La liste par ordre de mérite sera publiée au *Journal officiel* de la République française.

B. — STAGE AUX ARMÉES.

Les élèves aspirants accompliront en cette qualité un *stage de cinq mois aux armées, dont trois mois dans une unité combattante.* Ceux d'entre eux qui, au cours du stage, ne feraient pas preuve des qualités militaires requises seront l'objet d'un rapport spécial de leur chef de corps qui pourra les proposer soit pour une prolongation de stage de trois mois, soit pour la radiation de la liste des élèves aspirants.

Ce rapport, revêtu de l'avis des chefs hiérarchiques, sera transmis au ministère de la guerre (Direction de l'Artillerie) qui statuera.

Les élèves aspirants qui auront été astreints au stage supplémentaire ci-dessus visé feront l'objet, à l'issue de ce stage, d'un nouveau rapport en vue soit de leur admission au cours d'élèves aspirants, soit de leur radiation définitive de la liste.

Toutefois, les élèves aspirants qui, antérieurement au concours, auront servi aux armées pendant cinq mois au moins, dont trois mois dans une unité combattante, entreront à l'Ecole militaire de l'artillerie sans avoir à accomplir un nouveau stage aux armées.

C. — ORGANISATION DES COURS D'ÉLÈVES ASPIRANTS.

Les cours d'instruction d'élèves aspirants seront organisés dans des conditions qui seront portées en temps utile à la connaissance des intéressés.

TITRE II.

Élèves des grandes écoles militaires et civiles visées par l'article 13 de la loi du 7 août 1913.

Les élèves admis à l'Ecole polytechnique, à l'Ecole normale supérieure ou à l'Ecole nationale des eaux et forêts sont dispensés du concours et admis d'office aux cours d'élèves aspirants.

Ceux qui auraient été incorporés depuis le 1er *juin* 1918 et ne seraient pas actuellement dans des groupes d'instruction seront signalés sans délai au ministère de la guerre (Direction de l'artillerie).

TITRE III.

Candidats des armées.

1° Conditions à remplir.

M. le Général commandant en chef les armées du Nord et du Nord-Est, M. le Général commandant en chef les armées alliées en Orient, M. le Commissaire résident général de France au Maroc pourront désigner pour suivre les cours d'élèves aspirants *des militaires de tous grades de l'artillerie* remplissant les conditions ci-après :

1° Compter au moins quinze mois de service, dont trois mois dans une unité combattante, à la date du 1er *octobre* 1918 (par mesure transitoire et à titre exceptionnel les engagés volontaires comptant, au 1er *septembre* 1918, huit mois de service, dont trois mois dans une unité combattante, pourront être désignés);

2° S'ils sont sous-officiers, réaliser moins de dix mois de grade de sous-officier à la date du 1er octobre 1918;

3° Prendre l'engagement écrit de renoncer éventuellement au bénéfice des affectations prévues par la loi du 10 août 1917 pour les membres des familles éprouvées;

4° Etre jugé susceptible de devenir officier d'artillerie;

5° Posséder les connaissances générales demandées aux candidats de l'intérieur. Le degré d'instruction des candidats sera certifié par le commandant d'unité sans qu'il ait à procéder à un examen complet; le fait d'avoir déjà pris part à un concours d'E. O. R. ou d'E. A. ne sera pas un motif d'exclusion; seront seuls exclus des propositions les candidats qui, reçus à un concours de l'intérieur, auraient été rayés ensuite de la liste des élèves aspirants à la suite de leur stage aux armées dans les conditions fixées au paragraphe B du titre 1er ci-dessus ;

6° Ne pas avoir déjà suivi sans succès un cours d'élèves aspirants d'artillerie, ou ne pas avoir été éliminé aux examens probatoires de ces cours.

2° Désignation des candidats.

Le nombre des candidats à admettre et la date d'ouverture de la première série des cours seront notifiés en temps utile à MM. les Généraux commandant en chef et à M. le Commissaire résident général de France au Maroc, qui adresseront, pour le **20 *octobre* 1918**, les listes et les dossiers des candidats qu'ils auront désignés. En vue de l'organisation des séries suivantes, ils enverront en même temps la liste complète des candidats qu'ils auront retenus. Les propositions pourront être présentées sans limitation de nombre.

3° Examens-probatoires.

Dans le premier mois de leur présence au cours d'élèves aspirants les élèves subiront un examen probatoire de connaissances générales sur les connaissances générales du concours de l'intérieur, à l'exception toutefois des questions d'histoire et de géographie.

Les épreuves seront les suivantes :

Epreuves écrites :

	Coefficient.
Emploi des signaux Morse....................	1
Composition française......	4
Composition d'arithmétique...................	4
Composition d'algèbre et géométrie...........	8

Ceux d'entre eux qui ne satisferont pas à cet examen seront immédiatement renvoyés aux armées.

Les candidats appartenant aux classes plus anciennes que les classes actives feront l'objet d'un classement spécial. Quel que soit le total des points obtenus par chacun d'eux, le nombre des candidats de cette catégorie admis définitivement ne devra pas dépasser *un dixième* de l'effectif total des candidats autorisés à suivre le cours à la suite de l'examen probatoire.

Pour le Président du Conseil, Ministre de la guerre et par son ordre :

Le Général directeur de l'artillerie,

Signé : BOURGEOIS.